JN418849

한국인의 예절

한국인의 예절

조돈봉 편저

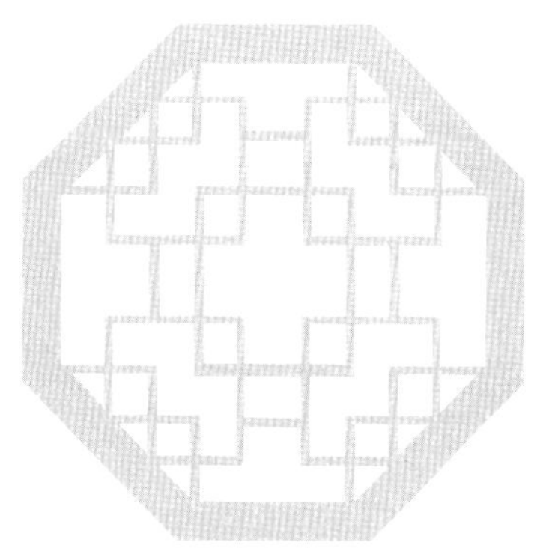

온북스
onbooks

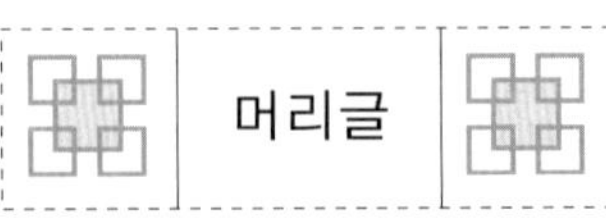

머리글

'사람이 꽃보다 아름다운 이유' 는 여러 가지가 있다. 그 이유 중 하나는 사람이 서로를 배려하기 때문일 것이다. 사람의 배려는 타인은 물론 우리에게 삶의 터전을 제공하는 자연에 대한 예절로 표현될 수 있다. 따라서 예절이란 바로 사람과 자연을 사랑하는 아름다운 우리의 생활 그 자체라고 말할 수 있다.

우리가 살아가는데 '바른 마음' 으로 '바른 행동' 만 한다면 그것이 바로 좋은 습관, 좋은 행동으로 이어져, 이것이 바로 생활 에티켓이 된다. 생활예절은 바로 일반 사회질서와 불가분의 관계가 되어 우리가 추구하는바 '꽃보다 아름다운 사람' , 그리고 '진정한 자율질서' 도 '예(禮)' 스러운 마음이 전제될 때 가능할 것이다.

국가가 국민을 보호하고 개개인의 자유를 보장하기 위하여 많은 법령(成文法)을 만들어 사회를 규제하고 있지만 복잡다단한 개개인의 사생활까지 일일이 규정할 수는 없을 것이다. 그러나 옛부터 편리한 삶을 위하여 자연스럽게 발생한 서로의 약속(不文法)으로 사회의 질서가 유지되어 왔으며, 이 약속이 '생활예절' 의 근원이라 할 수 있다.

필요에 따라 발생한 무언의 약속은 공공생활을 함에 있어 누구나 지켜야 한다. 이 약속을 어긴다면 약속을 지킨 사람에게 불편을 주게 됨은 물론, 공유의 자산인 자연환경까지도 해를 입게 된다. 약속을 지키지 않음으로써 결국 사람과 자연으로부터 스스로 화를 자초하게 될 것이다. 잘못된 생활습관은 다른 사람이 누려야 할 생활영역까지 침범하기 때문에 이 예절문화가 사회질서의 기초가 되는 것은 너무도 당연한 귀결이라 할 것이다.

우리 선조는 착한 사람 되라는 '예' 를 일깨워주셨기에 일찍이 우리나라는 '동방예의지국' 이라 호칭되었으며, 아름다운 강토에서 서로를 배려하는 미풍양속을 지켜왔다. 근래에 회자되고 있는 사회의 무질서는 우리 모두 크게 반성할 일이다. 선조로부터 지켜온 예절문화라는 약속을 모두 지킨다면 현대사회의 무질서는 발생하지 않을 것이다.

이러한 혼란상은 지난날 우리가 어려웠던 시절에 먹고살기 위하여 산업화 사회로 급변하는 과정에서도 찾을 수 있다. '빨리빨리 문화' 로 인하여 가치관이 전도 되고, 핵가족화로 인하여 조기인성 기본교육이 소홀할 수 있었다. 한때 우리 사회 일각에서는 법을 잘 지키는 사람만 손해를 본다는 말까지 있었으니 참으로 우려할 만한 일이었다.

이제 우리는 나 혼자만이라도 서로 아끼고 사랑하며 또 상대방을 배려하고 양보하는 사회적 기풍을 세워 나가야 할 때가 아닌가 생각한다. 이러한 사회적 기풍의 정립에 필요한 처방은 바로 친절과 겸손함이 우선이다.

사회적으로는 예절교육의 중요성이 제고되는 시점에서 근본적인 교육정책제도가 배려되어야 할 문제를 생각해 보면서 우리들 모두가 스스로 사람다워지려는 자기성찰의 긴요함을 느끼며 '품격 있는 삶을 위한 생활 예절' 을 실천해 나가야 할 것이다.

비록 바쁜 세상이지만 자기관리를 위한 '생활예절' 정도는 몸과 마음으로 익혀 우리의 생활을 더욱 아름답게 가다듬는데 조금이라도 도움이 될 수 있도록 간결하게 이 책을 엮는다.

2008년 5월
편저자 조 돈 봉

추천사

‘한국인의 예절’ 출간을 축하드립니다. 평상시 존경하는 조돈봉 선생님 뜻하시는 모든 일에 축복이 넘치기를 기원하며 진심으로 축하 드리오며 이번 출간을 매우 기쁘게 생각합니다.

이 세상에는 많은 책들이 만들어집니다만, 모두가 양서(良書)가 되는 것은 아니라고 생각합니다. 하지만 이 ‘한국인의 예절’ 이야말로 이 바쁜 시대를 살아가는 학부모님과 학생들에게 참으로 유익한 ‘생활 에티켓의 종합교본’ 이 될 것으로 확신합니다.

교육의 당위성(當爲性)을 재언(再言)할 필요는 없습니다마는 어떤 교육을 어떻게 받느냐에 따라 우리의 인격체(人格體)가 다르게 나타난다는 사실은 교육 방법의 중요성을 강조하고 있습니다.

옛날 선인들의 예절교육은 아침저녁의 밥상머리에서 할머니 할아버지의 가정교육뿐이었습니다. 그럼에도 불구하고 인성(人性)교육과 경로효친(敬老孝親)은 100점 수준이었습니다.

선인은 부모에 대한 효(孝)는 물론, 동리의 어른까지 부모와 같이 존경(尊敬)하여 인정 넘치는 사회 예의지국(禮義之國)의 자부심으로 살았습니다.

오늘 우리교육은 유치원, 초등학교, 중·고등학교, 대학원, 그리고 유학까지 가서 나름대로의 교육은 받고 있지만 인성교육을 강조하여 훌륭한 인격체의 양성을 유도(誘導)하는 곳은 많지 않은 듯 합니다.

이러한 시점에서 저자는 생활예절(生活禮節)의 긴요함을 절감하고 예절교육 현장에서 활동하면서 체득한 지식과 실생활에 필요한 광범위한 자료를 바탕으로 좋은 책을 집필하였습니다.

이 '한국인의 예절' 이야말로 아주 유익한 예절교본이 될 것으로 확신하면서 다시 한 번 축하의 말씀을 드립니다.

2008년 5월

조 관 연(시인)

차 례

| 머리글 | … 4
| 추천사 | … 8

제 1 장 _예절의 기본개념

1. 기본개념(基本槪念) 34

(1) 예절의 의미
(2) 법과 예절
(3) 예절의 본질 … 35
1) 수기(修己)
2) 치인(治人)
3) 인간존중

2. 예절 실천 37

(1) 예절 수단
1) 자기관리(自己管理)
2) 대인관계(對人關係)
3) 공중생활(公衆生活)
4) 가까운데서 먼데로
5) 좋은 습관

(2) 예절 방법 … 38

1) 예의 순환
2) 예절 수칙
3) 사물 잠언

제 2 장 _기본예절

1. 격식(格式) 42

(1) 방위(方位)와 의식
1) 예절의 동서남북
2) 방위의 특례(特例)
3) 성별(性別)과 방위(方位)
4) 상하석의 기준

(2) 위계질서(位階秩序) … 44
1) 가정
2) 사회

2. 기본예의 자세 46

(1) 공수(拱手)
1) 공수법
2) 성별 공수법
3) 흉사(凶事)와 공수

(2) 읍례(揖禮) … 49
1) 종류
2) 기본동작(基本動作)

(3) 절 예절
1) 종류
2) 절할 때 예절
3) 남자의 절 요령
4) 여자의 절 요령 – 한복
5) 여자의 절 요령 – 洋裝
6) 절 받는 예절
7) 의식(儀式)에서의 경례(敬禮)
8) 악수(握手)

제 3 장 _생활예절

1. 개인예절(個人禮節) 64

(1) 구사와 마음가짐
1) 구사(九思)
2) 마음가짐

(2) 구용과 몸가짐 … 67
1) 구용(九容)
2) 몸가짐

(3) 몸동작과 자세 … 72
1) 서기
2) 바닥에 앉기
3) 방석에 앉기
4) 의자에 앉기
5) 걷기

(4) 실내예절
1) 방 출입
2) 기거(起居)
3) 물건취급

2. 대인예절(對人禮節) 78

(1) 언어예절(言語禮節)
1) 언어예절의 중요성
2) 말의 맵시

(2) 대화예절(對話禮節)
1) 말을 하는 예절
2) 말을 듣는 예절
3) 친절한 대화
4) 대화할 때 주의사항

(3) 전화 예절(電話禮節) … 81
1) 전화 받는 예절
2) 전화 거는 예절

3) 전화 예의의 중요성

(4) 네트워크 에티켓(네티켓) … 83
1) 네티켓의 10대원칙
2) 게시판 예절
3) 채팅 네티켓
4) 이메일 네티켓
5) 자료실 네티켓

3. 식사예절(食事禮節) 85

(1) 우리나라 식사예절
1) 일반예절
2) 한식(韓食)예절

(2) 외국의 식사예절 … 88
1) 중국식 식사예절
2) 서양식 식사예절
3) 일식 식사예절
4) 레스토랑(Restaurant) 매너(Manner)
5) 와인(Wine) 매너

(3) 과일 접대(接待) … 92
1) 사과, 배
2) 복숭아
3) 딸기
4) 포도

5) 수박
6) 참외
7) 바나나
8) 귤
9) 멜론
10) 자몽
11) 감
12) 파인애플
13) 밤

4. 가정생활 예절 96

(1) 가정예절의 기본
1) 가족의 범위
2) 촌수(寸數)와 호칭(呼稱)

(2) 어른 모시는 예절 … 103
1) 문안(問安)예절
2) 일상생활
3) 보살핌
4) 의식주(衣食住)
5) 출입예절
6) 살림살이와 용돈
7) 노인의 편안한 마음가짐

(3) 부부간 예절(夫婦間 禮節) … 107
1) 기본예절
2) 훌륭한 남편(男便)의 예절

3) 훌륭한 아내의 예절
4) 맞벌이 부부간의 예절
5) 부부십계명
6) 부부사랑의 지혜(智慧)

(4) 기타 가족예절 … 112
1) 아랫사람에 대한 예절
2) 자녀의 도리(子女道理)
3) 형제간 예절(兄弟間 禮節)
4) 가훈
5) 시어머니의 도리
6) 며느리의 도리

(5) 주객(主客)예절 … 117
1) 영접(迎接)예절
2) 방문(訪問)예절
3) 선물(膳物)예절

제 4 장 _공동생활 예절

1. 사회예절(社會禮節) 120

(1) 개인
1) 표정관리
2) 명랑한 인사매너

3) 악수(握手)
4) 대화(對話)
5) 호칭(呼稱)
6) 모임
7) 인사소개와 명함(名銜)교환

(2) 공동생활 … 123
1) 음주(飮酒)
2) 식당(食堂)
3) 자동판매기(自動販賣機)
4) 아파트 주거
5) 승강기(昇降機)예절
6) 노약자(老弱者)
7) 공중목욕탕(公衆沐浴湯)
8) 도서관과 독서실
9) 운동경기관람
10) 공원, 유원지 및 놀이터
11) 등산, 낚시, 수석 및 수렵

(3) 공공질서 … 128
1) 운전
2) 대중교통
3) 기초질서
4) 환경질서(環境秩序)
5) 사회적으로 좋은 '매너' 예시

(4) 직장(職場)예절 … 132
1) 신입사원의 예절

2) 출근(出勤)
3) 근무
4) 퇴근(退勤)
5) 직장 내 대인(對人)예절
6) 고객(顧客)과 거래선(去來先)

(5) 학교예절(學校禮節) … 135
1) 선생님에 대한 예절
2) 선생님을 대하는 마음가짐
3) 선생님의 앞에서 말씨와 태도
4) 학우간의 예절

2. 국민예절(國民禮節) 139

(1) 태극기(太極旗)
1) 유래
2) 내용
3) 국기게양과 강하
4) 국기에 대한 경례

(2) 애국가
1) 유래
2) 제창

(3) 애국자 … 143

3. 외국의 생활예절 144

(1) 지구촌 생활
1) 편견 없는 시선
2) 정중한 감사와 사과
3) 친절과 성의

(2) 간단한 외국의 풍습 … 145
1) 아시아
2) 미주
3) 유럽

제 5 장 _가정의례

1. 가정의례의 의미 154

(1) 가례(家禮)와 가정의례(家庭儀禮)
(2) 가정의례의 종류(種類)

2. 성년례(成年禮) 155

(1) 성년의 의미
(2) 성년의 날 제정의 취지
(3) 성년례의 시기

(4) 성년례의 순서
1) 위치와 좌석의 예
2) 순서

(5) 성년례 후 권리와 의무
1) 권리
2) 의무

3. 혼인예절(婚姻禮節) 160

(1) 전통 혼인례(傳統 婚姻禮)
1) 혼인이야기(혼담: 婚談)
2) 사주(四柱) 보내는 절차(납채: 納采)
3) 혼인 날 택일(납기: 納期)
4) 예물(함) 보내는 절차(납폐: 納幣)
5) 전통 결혼식(대례: 大禮)
6) 시댁에 처음 가는 절차 (우귀: 于歸)

(2) 현대 혼인례(現代 婚姻禮) … 162
1) 배우자의 선택(혼담)
2) 연애(戀愛)와 중매(中媒)
3) 맞선
4) 약혼(約婚)
5) 약혼 신표(約婚信標)

(3) 현대식 결혼예식 절차 … 165
1) 예식 전 유의사항

2) 예식 진행
3) 식후 행사(式後 行事)

4. 상장례(喪葬禮) 171

(1) 초종(初終)
1) 천거정침(遷居正寢)
2) 운명(殞命)
3) 초혼(招魂)
4) 부고(訃告)
5) 곡(哭)
6) 문상(問喪)

(2) 조문예절(弔問禮節) … 174
1) 조문객 옷차림
2) 조문 시기
3) 조문할 때 삼가야 할 일
4) 조문하는 순서

(3) 현대식 상례

(4) 상중제의(喪中祭儀) … 179
1) 위령제(慰靈祭)
2) 우제(虞祭): 초우, 재우, 삼우
3) 사십구제(四十九祭)
4) 졸곡(卒哭)
5) 부제(祔祭)
6) 소상(小祥)

7) 대상(大祥)
8) 담제(禫祭)
9) 길제(吉祭)

(5) 성묘(省墓) … 181
1) 설
2) 한식(寒食)
3) 한가위
4) 섣달그믐

5. 제의례(祭儀禮) 184

(1) 제사(祭祀)의 구분
(2) 제사(祭祀) 준비
1) 위패(位牌)(사당, 가묘)
2) 신주(神主)
3) 지방(紙榜)
4) 사진(寫眞)

(3) 제수(祭羞) … 186
1) 진설(陣設)하는 기준
2) 제사음식의 명칭
3) 제수의 조리법
4) 제수 진설(陣設)

(4) 기제사(忌祭祀) 봉행 절차
(5) 명절제사(名節祭祀) … 197

1) 설(추석) 차례(茶禮)
2) 한식 차례 절차

(6) 세일사(歲一祀) … 200
1) 시기(時期)
2) 장소(場所)
3) 절차(節次)
4) 제관(祭官)의 분장(分掌) 설명
5) 사당(祠堂)에서 합동 봉행하는 세일제 순서[笏記]

(7) 축문(祝文) … 205
1) 기제사
2) 산신제
3) 세일제
4) 기타

(8) 종교 추도식(宗敎 追悼式) … 209
1) 천주교식(天主敎式)
2) 기독교식(基督敎式)
3) 불교식(佛敎式)

6. 수연례(壽宴禮) 211

(1) 의미
(2) 종류
(3) 절차
(4) 회혼례(回婚禮)

7. 백일과 돌 215

(1) 백일
(2) 돌
1) 아기의 차림새
2) 돌상 차리기
3) 돌잡이
4) 돌선물

8. 우리나라 세시풍속(歲時風俗) 218

9. 맺는말 220

부 록

부록 Ⅰ. 어린이 기본예절

1. 예절이란? 224

(1) 예절의 의미
(2) 예절의 필요성
(3) 이솝의 우화

2. 기본예절 225

(1) 소중한 나

(2) 인사와 바른 몸가짐

(3) 고전의 구사와 구용

(4) 좋은 버릇 익히기 … 228

1) 잠자리
2) 학교가기
3) 착한행동하기
4) 좋은 습관 기르기

(5) 바른 마음과 표정

1) 미소 띤 얼굴
2) 따뜻한 눈길
3) 자연스런 입모양

(6) 바른 자세 … 231

1) 어른 앞에서 바닥에 앉을 때
2) 방석에 앉을 때
3) 의자에 앉을 때
4) 설 때
5) 걸을 때

(7) 대인 예절

1) 실내 출입할 때
2) 여닫이 문 출입할 때
3) 미닫이문 출입할 때

4) 물건을 줄 때
5) 물건을 받을 때
6) 어른을 대할 때
7) 단정한 옷차림

(8) 부모님 공경하기 … 235
1) 기본예절
2) 노랫말 새기기

3. 공동생활 예절 237

(1) 말에 대한 예절
1) 대화의 예법
2) 대화의 자세
3) 대화할 때 표정
4) 대화할 때 말씨
5) 존대어 예시
6) 전화 예절

(2) 초대와 방문
1) 손님을 초대할 때의 예절
2) 남의 집을 방문할 때의 예절

(3) 식사예절 … 243
1) 식사하기 전 예절
2) 부모님과 식사할 때 예절
3) 한국 음식
4) 서양 음식(양식)

5) 일본 음식(日食)
6) 중국 음식(中國食)

(4) 이웃어른에 대한 예절 … 246
1) 어른을 만났을 때
2) 고마운 분을 만났을 때

4. 학교 예절 248

(1) 학교생활의 예절
(2) 선생님을 모시는 기본예절
(3) 선생님의 예우
(4) 수업시간 예절
(5) 친구와 나
(6) 봉사하는 마음 갖기

5. 사회질서 253

(1) 길을 걸어갈 때(보행질서)

(2) 교통예절(교통질서)
1) 기차 안에서의 예절
2) 지하철 예절
3) 버스 예절
4) 승용차 예절
5) 선박(배)승선 예절
6) 항공 예절

(3) 깨끗한 환경 가꾸기(환경질서)
(4) 국기게양
(5) 4대 명절
(6) 통과의례(通過儀禮) ··· 257
1) 백일
2) 첫돌
3) 책례
4) 성년례(관례, 계례)
5) 혼례
6) 수연례
7) 장례
8) 제례

6. 전통 배례법 259

(1) 공수하는 법(배꼽손)
(2) 공수자세
(3) 절하는 법

Ⅱ. 한국인의 성씨 유래 ··· 265

1. 성씨의 유래
2. 본관(本貫)

Ⅲ. 족보 보는 법 … 267

1. 족보의 의의
2. 족보(族譜) 보는 법

Ⅳ. 보첩(譜牒)에 대한 상식 … 269

1. 보첩의 의의
2. 보첩의 종류
   (1) 대동보(大同譜)
   (2) 족보(族譜)
   (3) 세보(世譜)와 세지(世誌)
   (4) 파보(派譜)
   (5) 가승보(家乘譜)
   (6) 계보(系譜)
   (7) 가보(家譜)와 가첩(家牒)
   (8) 만성보(萬姓譜)

3. 보첩의 간행과정
4. 보첩 내용 … 271
   (1) 서문(序文)
   (2) 본문내용
   (3) 신상내용
   (4) 묘소의 기록

5. 족보 관련 상식 … 273
(1) 시조(始祖) 비조(鼻祖) 중시조(中始祖)
(2) 선계(先系)와 세계(世系)
(3) 세(世)와 대(代)
(4) 이름자
(5) 사손(嗣孫)과 사손(祀孫)

부록 Ⅴ. 묘소의 비석과 정문(旌門) … 275

(1) 묘소(墓所)
(2) 묘표(墓表)
(3) 묘지(墓誌)
(4) 묘비(墓碑)와 비명(碑銘)
(5) 신도비(神道碑)
(6) 묘갈(墓碣)
(7) 정려(旌閭)
(8) 영당(影堂)

부록 Ⅵ. 경조사(慶弔事) 인사 단자(單子) … 277

(1) 축하와 위문 봉투 서식 사례
(2) 제례 등의 봉투서식 사례
(3) 일반봉투 서식 사례

Ⅶ. 송사(頌辭) 사례 … 279

Ⅷ. 삼강오륜 … 280

(1) 삼강(三綱)
(2) 오륜(五倫)

Ⅸ. 사무실 책상 배치 예우 … 281

(1) 사무실 책상 배치 예우
(2) 수맥이 인체에 미치는 영향
(3) 노래 _애국가

제 1 장

예절의 기본개념

1. 기본개념(基本槪念)

(1) 예절의 의미

더불어 살아가는 사람들이 약속해 놓은 생활방식이 예절이다. 따라서 예절을 행하지 않는 것은 약속을 지키지 않는 것이다. 예(禮)는 사회계약적 생활규범이다. 생활하는 방식을 약속해 놓은 것이 생활예절이고, 생활예절의 하나인 가정의례는 가정에서 행하는 의식절차를 약속해 놓은 것이다.

사람과 사람의 교류와 접촉에는 반드시 지켜야 할 도리가 있다. 이것을 흔히 동양에서는 '예(禮)'라 하며, 서양에서는 '에티켓 (불어: etiquette)', 또는 '매너(영어: manner)'라고 한다.

그러나 엄격한 의미에서는 '예'나 '에티켓'은 하나의 사회적 불문율로서의 행동의 기준이 되는 것인 반면 '매너'는 에티켓을 행동으로 나타내는 것이라 한다. 동양에서는 인간의 기본적인 법도인 예와 경(敬)을 잘 지키는 사람을 군자(君子)라고 하였다.

(2) 법과 예절

현대는 법치사회인데 법만 잘 지키면 되는 것이지 예절이 무슨 소용인가? 라고 말하는 사람도 있다. 그러나 우리는 착하고 좋은 사람을 법을 잘 지키는 사람이라 하지 않고 '법 없이도 살 사람' 이라고 말한다. 이것은 법보다 더 중요한 것이 있다는 말이다. 법을 어기면 벌을 받는다. 그래서 법은 강제성을 띠는 타율기능을 가졌다고 하는데, 사람은 타율을 싫어하고 자율을 좋아한다. 그러면서도 자율하지 못해 타율을 받는다.

그러므로 법은 예절을 실천 하지 못하는 사람을 강제로 바로 하려는 최후의 수단이며, 최소한의 도덕율이다. 때문에 예절을 실천하는 사람에게는 법이 필요없다. '법 없이도 살 사람' 은 예절을 실천하는 사람이다. 즉 부끄러움을 아는 사람은 법이 없이도 살지만 부끄러워할 줄 모르는 사람은 가혹한 법으로도 다스려지지 않는다.

(3) 예절의 본질

예절의 실천적 본질은 수기와 치인이라고 할 수 있다. 즉, 스스로 사람다워지려는 자기관리는 수기(修己)라 하고, 남과 어울려 함께 사는 대인 관계를 치인(治人)이라 한다. 안에 있는 예절의 마음과 밖으로 나타나는 예절의 언동(言動)이 일치해야 참 예절이라 할 것이다.

사람은 남과 더불어 산다. 대인관계란 사람과 사람의 관계이다. 남과의 대인관계를 원만히 하려면 서로 약속해 놓은 방식을 지켜야 한다. 약속을 잘 지키는 방편은 스스로 사람다운 사람이 되어야 한다. 스스로 사람다워지려는 노력을 자기관리라 한다. 예절은 인간으로서의 자기관리와 사회인으로서의 대인관계를 원만히 하기 위해 필요한 것이다. 자기관리를 잘 하여 사람대접을 받으며 사람과 더불어 살려면 사람끼리 약속해 놓은 생활방식인 예절을 알아서 실천해야 한다. 따라서 예절을 실천하지 않는 것은 바른 사람이 되기를 기피하는 것과 마찬가지다.

1) 수기(修己)

수기하는 예절은 자기의 안에 있으면서 자기 자신에게 작용하는 기능을 가지는데 그 때의 본질은 정성(精誠)스러운 것이다. 정성이란 자기를 속임이 없는 양심이다. 자기관리의 요령은 홀로 있을 때도 삼가는 신독(愼獨)이다.

2) 치인(治人)

치인하는 예절은 자기의 밖으로 나아가 남에게 활용되는 기능을 가지는데 그때의 본질은 공경(敬)하고 사랑(愛)하는 것이다. 공경과 사랑은 어른을 공경하고 아랫사람을 사랑하는 인류애이다. 대인관계의 요령은 남을 편안하게 하는 안인(安人)이다.

3) 인간존중

예절의 밑바탕은 '인간에 대한 존중' 이다. 인간은 양심과 이성을 지니고 있다. 모든 예의범절의 근본정신은 인간에 대한 깊은 믿음과 사랑이며, 이를 '인격존중' 으로 표현할 수 있다.

서로 인격을 존중하는 것이 바로 예절의 근본정신임은 두말할 나위가 없다. 이러한 근본정신의 관점으로 본다면 예의범절은 '인격완성의 수단' 이요 동시에 '원만한 인간관계를 이루어 나가기위한 수단' 이다.

2. 예절 실천

(1) 예절 수단

예절은 특별히 만든 것이 아니다. 아무도 예절을 만들지 않았지만 우리 생활 속에 예절이 있다. 산을 넘어가는 길을 아무도 만들지 않았지만 산길이 있는 것과 같은 이치이다. 누구든지 산을 넘어 가려면 제일 빠르고 제일 가깝고 편리하게 가려고 한다. 수많은 사람들이 같은 생각을 수행하면서 길은 저절로 열리게 된다. 예절을 수행하는 수단도 이러한 논리가 적용된다.

1) 자기관리(自己管理)

개성을 돋보이려고 하지 말고 남과 잘 어울리도록 한다. 여름철의 메뚜기가 초록색 옷을 입고 가을철에는 노란색 옷을 입는 것은 환경과 조화함으로써 자기를 보호하는 것이다.

2) 대인관계(對人關係)

자기방식을 고집하지 말고 모두가 약속해 놓은 방식으로 한다. 언제든지 상대편을 높이고 자기를 낮추는 공손함이 있어야 한다.

3) 공중생활(公衆生活)

사생활을 주장하지 말고 항상 남을 의식해야 한다. 사생활이란 행위의 과정은 말할 나위도 없고 행위의 후유상태까지도 남에게 일체의 영향을 끼치지 않는 것이다. 엄격한 의미에서 사생활은 없다.

4) 가까운데서 먼데로

자기가 원하는 대로 남에게 해야 한다. 부모에게 효도 하듯이 다른 어른을 공경하고, 동기간에 우애 하듯이 남과 어울리며, 처자를 사랑하는 마음으로 아랫사람을 아낀다.

5) 좋은 습관

예절은 생활습관이다. 같은 생활권에서 오랜 관습을 통해 가장 합리적이고 가장 편리하기 때문에 누구든지 그렇게 하지 않을 수 없는 생활방식이 된 것이다. 그래서 예절을 '버릇', '좋은 버릇(습관)', '착한 행동' 이라 말하기도 한다.

(2) 예절 방법

예절은 아는 것도 좋지만 실천하는 것이 더 중요하다. 예절을 몰라서 못하면 용서 받을 수 있지만 알면서도 하지 않으면 모르는 것만 못하다. '예' 란 자기의 어진 본마음을 솟아나게 하는 것이다. 예절의 근본정신은 상대방의 인격을 존중하는 마음이며, 윗사람을 공경하고 아랫사람을 사랑하는 경애의 정신이다. 존중하고 경애하는 마음을 바탕으로 상대방의 입장에서 생각하는 역지사지(易地思之)

를 할 줄도 알고, 어렵고 힘든 일을 서로 돕는 상부상조(相扶相助)의 아름다운 생활을 함으로써 예절을 실행할 수 있다.

1) 예의 순환

예절을 실행하면 하나의 순환이 이루어진다. 즉, 사람 본마음을 찾으면 서로 서로 사양 하는 마음이 솟아나고, 사양하는 마음이 솟아나면 표정이 밝아지고, 표정이 밝아지면 오가는 말이 순해지고, 말이 순하면 행동이 순해진다.

2) 예절 수칙

① 행동이 자연스러워야 한다.
② 사양하는 마음을 지녀야 한다.
③ 행동할 때, 음양을 살려야 한다.
④ 거리개념에 유의해야 한다.
⑤ 상황에 맞아야 한다.
⑥ 대화시 결정권은 상대방에게 주어야 한다.
⑦ 마음을 비워야 한다.
⑧ 선을 살려 반듯하게 행동하여야 한다.
⑨ 모든 예의는 인사에서 시작해서 인사로 끝내야 한다.

3) 사물 잠언(四勿箴言)

논어 중에서 공자(孔子)가 사랑하는 제자 안회(顔回)에게 훈계한 가르침(箴言)을 통하여 예의 기본 정신을 이해할 수 있다.

① 예가 아니면 보지 말고(非禮勿視)
② 예가 아니면 듣지도 말며(非禮勿聽)
③ 예가 아니면 말하지 말고(非禮勿言)
④ 예가 아니면 움직이지 말라(非禮勿動)

제 2 장

기본예절

1. 격식(格式)

(1) 방위(方位)와 의식

일상생활이나 의식절차에서 방향을 말할 일이 많은데 예절에서 방향을 말하려면 전후좌우라 하지 않고 동서남북이라 한다. 여러 사람이 각기 향한 곳이 다르면서 전후좌우라 말하면 누구의 전후좌우인지 분간할 수 없어 혼란을 막기 위해서다.

1) 예절의 동서남북

예절에서 말하는 동서남북은 자연의 동서남북과 관계없이 예절을 하는 장소에서 제일 윗자리(上席)가 북(北)쪽이고 상석 앞이 남쪽이며 왼쪽이 동쪽이고 오른쪽이 서쪽이다. 그 이유는 상석에 웃어른이 앉아야 하는데 언제든지 웃어른은 남향해 앉아야 하기 때문이다.

① 제의에서는 신위를 모신 곳이 북쪽이고,
② 혼인예식에서는 주례가 있는 곳이 북쪽이고,
③ 사무실에서는 제일 상급자가 있는 곳이 북쪽이고,
④ 교실에서는 선생님이 계신 곳이 북쪽이고,
⑤ 행사장에서는 단상(壇上)이 북쪽이 되고,

⑥ 묘지에서는 그 묘지가 어디든지 북쪽에서 남향한 것이고,

⑦ 모든 건물(특히 사당)은 어느 쪽을 향하든 북쪽에서 남향한 것으로 보아 동서남북을 정한다.

2) 방위의 특례(特例)

일반적으로 예절에서의 방위는 동서남북으로 말하는데 다음과 특례가 있다.

① 특정 자연인(사람)을 기준으로 말할 때는 '누구의 왼쪽', '누구의 오른쪽' 이라고 말할 수 있다. 그 이유는 자연인을 기준으로 말하면 혼동될 염려가 없기 때문이다(예: 주인의 왼쪽, 또는 오른쪽).

② 특정자연인을 기준으로 말하지 않고 그냥 좌우나 전후라 말할 때에는 웃어른(尊長), 즉 상석의 전후이며 좌우를 의미한다(左右則 尊長之左右).

3) 성별(性別)과 방위

태양광선은 생명의 원천(源泉)이기 때문에 생명이 있는 것은 태양광선을 가장 잘 받는 남쪽을 향하는 것이 정칙이다. 남쪽을 향하면 왼 편이 동쪽이고 오른편이 서쪽이다. 동쪽은 해가 뜨니까 양(陽)이고, 서쪽은 해가 지니까 음(陰)이다.

남자는 양(陽)이니까 남자의 방위는 동쪽인데 그 동쪽이 왼편에 있으니까 남자는 좌(左)이고, 여자는 음(陰)이니까 여자의 방위는 서쪽인데 그 서쪽이 오른편에 있으니까 여자는 우(右)이다. 남좌여우(男左女右)란 남자는 동쪽 여자는 서쪽이라는 말이다(男東女西).

4) 상하석의 기준

일상생활을 할 때나 예절행사를 할 때는 위계에 맞게 상 하석을 찾아서 위치하고 좌석을 정해야 한다.

① 동쪽과 서쪽에서는 산사람은 동쪽이 상석이고, 죽은 사람은 서쪽이 상석이다[生者(子孫)以東爲上, 死者(神位)以西爲上].

② 북쪽과 남쪽에서는 산 사람과 죽은 사람 모두 북쪽이 상석이다(長南向爲席).

③ 중앙과 양단(兩端)에서는 중앙이 상석이다.

④ 높은 곳과 낮은 곳에서는 높은 곳이 상석이다.

⑤ 편리한 곳과 불편한 곳에서는 편리한 곳이 상석이다.

⑥ 안전한곳과 위험한 곳에서는 안전한 곳이 상석이다.

⑦ 상석이 먼 곳과 가까운 곳에서는 가까운 곳이 상석이다.

⑧ 문관과 무관은 문관이 상석이다.

⑨ 위 기준이 상충될 때는 의식의 목적에 가까운 기준에 의한다.

(2) 위계질서(位階秩序)

위계란 위와 아래, 앞과 뒤 먼저와 다음과 같은 차례를 말하는 것이고, 질서란 그 위계를 원만하게 지켜서 대우하는 방법을 의미한다. “사람 위에 사람 없고 사람 밑에 사람 없다”는 말은 인간으로서의 권리를 말 하거나 헌법에서의 국민의 권리와 의무, 법을 적용함에 있어서 차등을 두지 않다는 뜻이고, 사회생활에 있어서는 ‘아버지 위에 할아버지계시고, 아버지 밑에 아들이 있는 것’과 같이 위계가 없을 수 없다. 그러므로 반드시 위계의 질서를 지키지 않으면 안 된다.

1) 가정

가정의 구성원인 가족 간에 세대차와 출생 선후차에 의한 위계가 있다. 아버지와 아들 세대차의 위계이고 형과 아우는 출생선후차의 위계이다. 아버지 어머니와 같은 세대는 윗세대이고, 아들딸과 같은 세대는 아랫세대이며, 형제자매는 같은 세대이다. 윗세대는 아래세대를 사랑하고 아랫세대는 윗세대를 모시는데 그것을 부자자효(父慈子孝)라 하고, 형은 아우와 우애하고 아우는 형에게 공순 하는데 그것을 형우제공(兄友弟恭)이라 한다.

2) 사회

사회생활에서도 가정과 같은 위계가 있다. 첫 번째는 나이가 많은 위 어른과 나이가 적은 아랫사람이고, 두 번째는 지위가 높은 상급자와 낮은 하급자, 그리고 나이가 같은 친구와 지위가 같은 동료가 있다.

웃어른을 공경하고 아랫사람을 사랑하는 것을 경장애유(敬長愛幼)라 하고, 상급자를 섬기고 하급자를 지휘하는 것을 사존사비(事尊使卑)라 한다. 사회의 위계질서에 대해 맹자는 다음과 같이 말했다.

① 조직사회에서는 직급을 최우선으로 하고(朝廷 莫如爵)
② 일반 사회생활에서는 나이를 최우선으로 하고(鄕黨 莫如齒)
③ 세상을 바르게 하고 백성의 어른이 되는 데는 학문과 덕성을 최우선

으로 해서 위계를 정한다.

세대차이, 연령차이, 직급차이에 상관없이 위계가 있는 경우가 있다. 가르치는 선생님과 배우는 제자, 잘하는 사람과 못하는 사람, 앞선 사람과 뒤진 사람과 같은 경우이다. 학문과 덕망이 있어 남의 모범이 되고 존경을 받는 사람은 웃어른이고, 그렇지 못한 사람은 아랫사람으로서 그를 배우고 본받고 존경해야 한다.

2. 기본예의 자세

(1) 공수(拱手)

어른을 모시거나 의식행사에 참석하면 공손한 자세를 취해야 하는데 그 방법은 두 손을 앞으로 모아잡고 다소곳하게 서든지 앉는 것이고, 두 손을 모아 잡는 것을 공수(拱手)라 한다. 이는 다른 사람에게 좋은 인상을 줄 수 있는 공손한 자세로서 출발 되는 예절 있는 몸가짐이다.

1) 공수법(拱手法)

공수의 기본동작은 두 손의 손가락을 가지런히 펴고 앞으로 모아 배꼽의 위치에서 포갠다. 엄지가락을 서로 엇갈려 깍지를 끼고 손을 포갠 다음 위의 가지런한 손가락으로 아래 손의 새끼손가락을 가볍

게 쥐어 주면 된다. 자세한 요령은 다음과 같다.(그림1~2)

① 남자의 평상시 공수는 왼손을 위로 하여 두 손을 포개 잡는다.

② 남자의 흉사 때 공수는 오른손이 위로 가게 두 손을 포개 잡아야 한다.

③ 여자의 평상시 공수는 오른손을 위로 하여 두 손을 포개 잡는다.

④ 여자의 흉사 때 공수는 왼손이 위로 가게 두 손을 포개 잡아야 한다.

⑤ 공수할 때의 손의 모습은 위로 가는 손바닥으로 아래 손등을 덮어서 포개 잡는데, 두 엄지손가락은 깍지 끼듯이 교차시킨다. 그 이유는 넓고 긴 예복의 소매가 흘러내려 맨살이 드러나지 않도록 맞은편의 소매 끝을 누르고, 큰 의식 때는 홀(笏)을 쥐기 위해서이다.

⑥ 소매가 넓은 예복을 입었을 때는 공수한 팔이 수평이 되게 올린다.

⑦ 소매가 좁은 평상복을 입었을 때는 공수한 손의 엄지가 배꼽부위에 닿도록 자연스럽게 앞으로 내린다.

⑧ 공수하고 앉았을 때 손의 위치는 남자는 두 다리의 중앙에 얹고, 여자는 오른쪽 다리 위에 얹으며, 남녀 모두 한쪽 무릎을 세우고 앉았을 때는 세운 무릎 위에 얹는다.

〈그림 1〉 남자의 공수

〈그림 2〉 여자의 공수

2) 성별 공수법

흔히 남좌여우(男左女右)와 남동여서(男東女西)란 말을 많이 쓴다. 공손한 자세를 취하려고 공수할 때 평상시에 남자는 왼손이 위이고 여자는 오른손이 위인 것이 일반적이다.

공수는 남과 함께 하는 것이 아니고 자기 혼자서 하는 것이기 때문에 자기 자신이 기준이 되는 것이다. 따라서 자기의 왼쪽이 동쪽이고 오른쪽이 서쪽이 된다. 동쪽은 해 뜨는 곳이니까 양(陽), 즉 남자이고 서쪽은 해지는 곳이니까 음(陰), 즉 여자이다. 그러므로 남자는 왼손을 위로하고 여자는 오른손을 위로 한다.

남좌여우란 바로 남자는 동쪽, 여자는 서쪽이란 의미이다. 혼자서 하는 공수는 자기 기준으로 하지만 남녀가 함께 의식을 하거나 여러 사람이 함께 예절을 행할 때는 예절의 동서남북에 따른다.

3) 흉사(凶事)와 공수

흉사는 사람이 죽은 때를 말한다. 자기가 상주노릇을 하거나 남의 상가에 인사할 때나 영결식에 참석하는 것이 흉사이다. 제례(祭禮)는 흉사가 아니다. 조상의 제사는 자손이 있어서 조상을 받드니까 길(吉)한 날이다. 따라서 제사에서는 흉사시 공수를 하면 안 된다. 그러므로 엄격하게 말하면 흉사의 공수는 사람이 죽어서 약 백일 만에 지내는 졸곡제(卒哭祭) 직전까지의 행사를 의미한다.

(2) 읍례(揖禮)

읍례는 장소 관계나 기타 사정으로 절을 할 수 없을 때에 간단하게 공경을 나타내는 동작이다. 그러므로 간단한 예의 표시일 뿐 절은 아니다. 따라서 읍례를 했더라도 절을 할 수 있는 장소에 들어와서는 절을 해야 한다. 요사이에는 경례(敬禮)를 읍례 대신하지만 전통 의식 행사에서는 읍례를 한다.

1) 종류

① 상읍례(上揖禮) – 읍례를 했을 때 답례를 하지 않는 어른에게나 의식 행사에서 한다.

② 중읍례(中揖禮) – 읍례를 했을 때 답례를 해야 하는 어른께나 같은 또래끼리 한다.

③ 하읍례(下揖禮) – 어른이 아랫사람의 읍례에 답례할 때한다.

2) 기본동작(基本動作)

① 공수하고 대상을 향해 두 발을 편한 자세로 벌리고 서서 고개를 숙여 자기의 발끝을 본다.

② 공수한 손이 무릎 아래에 이르도록 허리를 굽힌다. 공수한 손이 무릎 사이로 들어가지 않는다.

③ 허리를 세우며 공수한 손을 밖으로 원을 그리면서 팔뚝이 수평이 되게 올린다.

④ 읍례를 할 때 손 올리는 자세는 다음과 같다.

- 상읍례: 팔꿈치를 구부려 공수한 손을 눈높이로 올린다.(그림 3)
- 중읍례: 공수한 손을 입 높이로 올린다.(그림 4)

• 하 읍례: 공수한 손을 가슴 높이로 올린다.(그림 5)

⑤ 공수한 손을 원위치로 내린다.

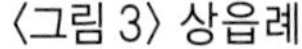
〈그림 3〉 상읍례

〈그림 4〉 중읍례

〈그림 5〉 하읍례

(3) 절 예절

절은 상대편에게 공경(恭敬)과 반가움을 표시하는 인사방법으로 인간이 살아가는데 있어서 지켜야할 기초적 행동예절이다. 절은 인사의 기본행동 예절로서 절을 하고 받는다는 사실은 상대방에 대해 공경하고 따른다는 의미가 함축되어 우리의 미풍양속이다. 절을 할 수 있는 대상은 사람일 수도 있고 어떤 표상(表象)되기도 하여 의례적으로 절을 하게 되는 경우도 있다.

절은 되도록 전통적인 원형을 살려 통일된 배례법을 계승 하는 것이 중요하다. 1599년에 예학의 종장(宗丈)이신 사계 김장생 선생께서 지으신 '가례집람' 을 바탕으로 우리나라의 절을 소개한다.

1) 종류

남녀의 절과 경례도 읍례의 경우와 같이 대상에 따라 절의 종류가 다르다.

〈표 1〉 절의 종류와 대상

절	한자어		대 상	예
	남자	여자		
큰절	계수배(稽首拜)	숙배(肅拜)	답배를 하지 않아도 되는 높은 어른/ 의식행사	직계존속/ 배우자의 직계존속/ 8촌 이내의 연장존속/ 의식행사
평절	돈수배(頓首拜)	평배(平拜)	맞절을 해야 하는 어른/ 또래 사이	선생님/ 연장자/ 상급자/ 배우자/ 형님/ 누님/ 또래/ 친족이 아닌 15년 이내의 연하자
반절	공수배(拱手拜)	반배(半拜)	웃어른의 아랫사람에 대한 답배	제자/ 친구의 자녀/ 자녀의 친구/ 남녀 동생/ 8촌 이내 연장비속/ 친족이 아닌 16년 이상의 연하자.

2) 절할 때 예절

① 기본횟수 – 절을 많이 할수록 공경을 많이 나타내는 것으로 이해되고 있다. 그러나 남자는 양(陽)이기 때문에 최소양수인 한번, 여자는 음(陰)이기 때문에 최소 음수인 두 번이 기본 회수이다.

② 생사구별 – 산사람은 기본회수만 하고, 의식행사와 죽은 사람에는 기본회수의 배를 한다.

③ 재량 – 절의 종류나 회수는 절을 받을 어른이 시키는 대로 변경하거나 줄일 수 있다.

④ 생략 – 절할 수 없는 장소에서 절할 대상을 만났을 때는 절을 하지 않고 경례로 대신한다. 경례를 했더라도 절을 할 수 있는 장소로 옮겼으면 절을 한다.

⑤ 시기 – 절을 할 수 있는 장소에서 절할 대상을 만나면 지체 없이 절한다. "앉으세요", "절 받으세요" 하는 말하는 것은 절을 받으실 어른에게 수고를 끼치거나 명령하는 것이라 실례이다.

⑥ 맞절요령 – 정중하게 맞절을 할 때는 아랫사람이 하석(下席)에서 먼저 시작해 늦게 일어나고, 웃어른이 상석(上席)에서 늦게 시작해서 먼저 일어난다.

⑦ 답배요령 – 웃어른이 아랫사람의 절을 답배할 때는 아랫사람이 절을 시작해 무릎을 꿇는 것을 본 다음에 시작해 아랫사람이 일어나기 전에 끝난다. 비록 제자나 친구의 자녀 또는 자녀의 친구 및 16년 이하의 연하자라도 아랫사람이 성년(成年)이면 반드시 답배를 해야 한다.

3) 남자의 절 요령

가. 큰절(稽首拜) (그림6~7)

① 공수하고 대상을 향해 선다.

② 허리를 굽혀 공수한 손을 바닥에 짚는다(손을 버리지 않는다).

③ 왼쪽 무릎을 꿇는다.

④ 오른 무릎을 왼 무릎과 가지런히 꿇는다.

⑤ 왼발이 앞 (아래)이 되게 발등을 포개며 뒤꿈치를 버리고 엉덩이를 내려 깊이 앉는다.

⑥ 팔꿈치를 바닥에 붙이며 이마를 공수한 손등에 댄다(차양 있는 갓이나 모자를 썼을 때는 차양이 손등에 닿게 한다. 이때 엉덩이를 위로 들지 않는다).

⑦ 잠시(약 3초 정도) 머물러 있다가 머리를 들며 팔꿈치를 바닥에서 뗀다.

⑧ 오른 무릎을 먼저 세운다.

⑨ 공수한 손을 바닥에서 떼어 세운 오른쪽 무릎 위에 얹는다.

⑩ 오른쪽 무릎에 힘을 주며 일어나서 왼발을 오른쪽 발과 가지런히 모은다.

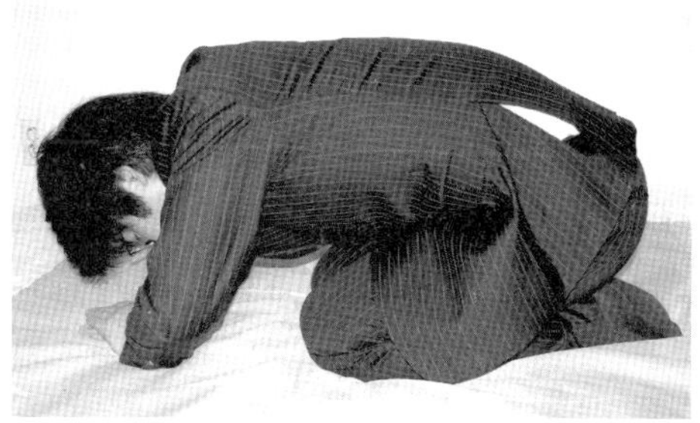

〈그림 6〉 큰절 (옆모습)

〈그림 7〉 큰절 (앞모습)

나. 평절(頓首拜) (그림8~9)

큰절과 같은 동작으로 한다. 다만 큰절의 ⑥번 동작 이마가 손등에 닿으면 머물러 있지 말고 즉시 ⑦번 동작으로 이어 일어나는 것이 다르며 자세한 순서는 다음과 같다.

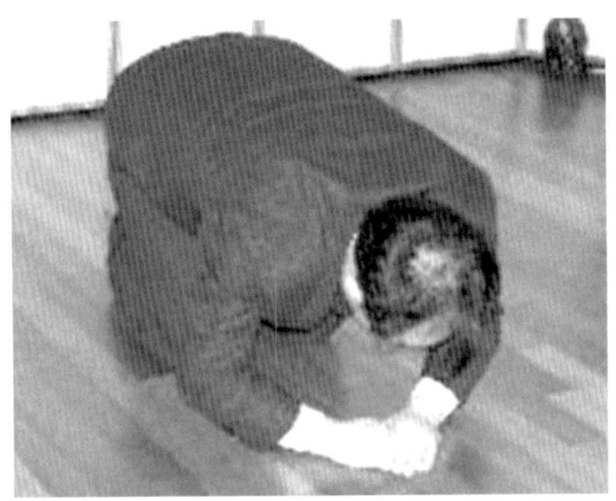

〈그림 8〉 평절 (옆모습)

〈그림 9〉 평절 (앞모습)

① 공수한 손을 먼저 바닥에 대고 왼 무릎, 오른 무릎 순으로 꿇어 앉는다.

② 팔꿈치를 바닥에 붙이며 이마를 공수한 손등에 가까이 댄다.

③ 머물러 있지 않고 즉시 일어난다.

④ 오른 무릎을 먼저 세운다.

⑤ 공수한 손을 바닥에서 떼어, 세운 오른 무릎 위에 얹는다.

⑥ 오른쪽 무릎에 힘을 주며 일어나서 왼쪽 발을 오른쪽 발과 가지런히 모은다.

⑦ 공수하고 목례한다.

다. 반절(控手拜)(그림10~11)

큰절과 같은 동작으로 한다. 다만 큰절이 ⑤번 동작 뒤꿈치를 벌리며 깊이 앉는 것과 ⑥번 동작 팔꿈치를 바닥에 붙이며 이마를 손등에 대는 것과 ⑦번 동작 잠시 머물러 있다가 머리를 들며 팔꿈치를 바닥에서 떼는 부분은 생략한다.

공수한 손을 바닥에 대고 무릎 꿇은 자세에서 엉덩이에서 머리까지 수평이 되게 엎드렸다가 일어나는 절이다. 또한 반절은 평절을 약식으로 하는 절이라 이해하면 된다.

〈그림 10〉 반절 (옆모습)

〈그림 11〉 반절 (앞모습)

라. 고두배(叩頭拜)

공수한 손을 풀어서 두 손을 벌려 바닥을 짚으며 하는 절을 고두배라 한다. 고두 배는 신하가 임금에게 하는 절이며, 한번 절할 때 세 번을 이마로 바닥을 두드리는 것이다. 현대는 임금이 없으니까 고두배는 필요하지 않다.

4) 여자의 절 요령 - 한복

가. 큰절(肅拜) (그림12~13)

여자의 큰절(숙배)은 원래 무장을 한 군인이 진중에서 군 예를 할 때 하던 절인데 이것이 여자의 큰절로 행해지고 있다.

① 공수한 손을 어깨 높이로 수평이 되게 올린다.

② 고개를 숙여 이마를 공수한 손등에 붙인다(엄지 안쪽으로 바닥을 볼 수 있게 한다).

③ 왼쪽 무릎을 먼저 꿇는다.

④ 오른쪽 무릎을 왼쪽 무릎과 가지런히 꿇는다.

⑤ 오른발이 앞(아래)이 되게 발등을 포개며 뒤꿈치를 버리고 엉덩이를 내려 깊이 앉는다.

⑥ 윗몸을 반(45도)쯤 앞으로 굽힌다(이때 손등이 이마에서 떨어지지 않는다. 여자가 머리를 깊이 숙이지 못하는 것은 머리에 얹은 장식이 쏟아지지 않게 하기위한 것이다).

⑦ 잠시 머물러 있다가 윗몸을 일으킨다.

⑧ 오른 무릎을 먼저 세운다.

⑨ 일어나면서 왼쪽 발을 오른쪽 발과 가지런히 모은다.

⑩ 수평으로 올렸던 공수한 손을 원위치로 내리며 고개를 반듯하게 세운다.

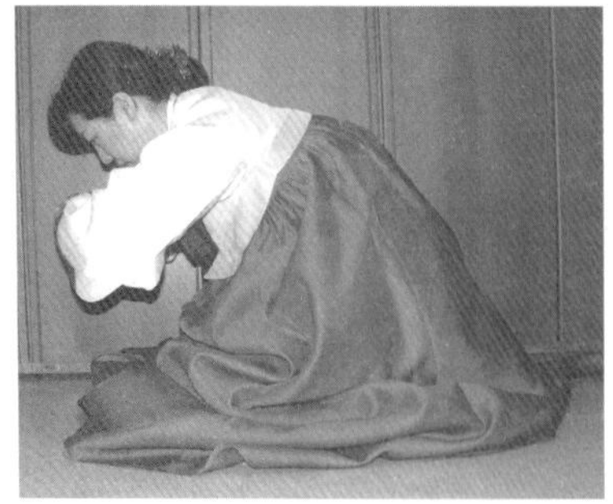

〈그림 12〉 한복큰절 (옆모습)

〈그림 13〉 한복큰절 (앞모습)

나. 평절(平拜) (그림14~15)

여자의 평절은 원래 중국 여자의 큰절이었는데 우리나라의 큰절보다 수월하므로 평절로 쓰인다.

① 공수한 손을 풀어 양 옆으로 자연스럽게 내린다.
② 왼쪽 무릎을 먼저 꿇는다.
③ 오른쪽 무릎을 왼 무릎과 가지런히 꿇는다.
④ 오른쪽 발이 앞(아래)이 되게 발등을 포개며 뒤꿈치를 벌리고 엉덩이를 내려 깊이 앉는다.
⑤ 손가락을 가지런히 붙여 모아서 손끝이 밖(양 옆)을 향하게 무릎과 가지런히 바닥에 댄다.
⑥ 윗몸을 반(45도)쯤 앞으로 굽히며 두 손바닥을 바닥에 댄다(이때 엉덩이가 들리지 않아야하며, 어깨가 치솟아 목이 묻히지 않도록 팔 굽을 약간 굽혀도 무방하다).
⑦ 잠시 머물러 있다가 윗몸을 일으키며 두 손바닥을 바닥에서 뗀다.
⑧ 오른 무릎을 먼저 세우며 손끝을 바닥에서 뗀다.
⑨ 일어나면서 왼쪽 발을 오른쪽 발과 가지런히 모은다.
⑩ 공수 자세를 취한다.

〈그림 14〉 한복평절 (옆모습)

〈그림 15〉 한복평절 (앞모습)

다. 반절(半拜) (그림16~17)

여자의 반절은 평 절을 약식으로 하면 된다. 답배해야할 대상이 많이 낮은 사람이면 남녀 모두 앉은 채로 두 손으로 바닥을 짚는 것으로 답배하기도 한다.

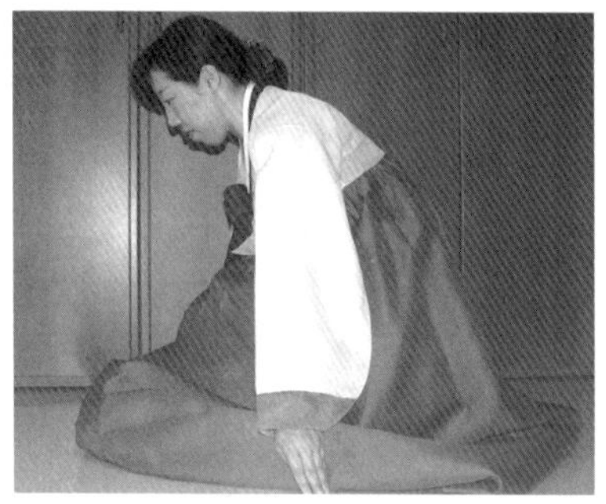
〈그림 16〉 한복반절 (옆모습)

〈그림 17〉 한복반절 (앞모습)

5) 여자의 절 요령 - 양장

가. 큰절(肅拜) (그림18~19)

① 두 무릎을 꿇고 앉는다.

② 앉았을 때는 오른쪽 발이 왼쪽 발위로 오게 한다.

③ 양손은 가지런히 모아 옆에 놓으며 머리를 45도 정도 숙이고 정중한 절을 한다.

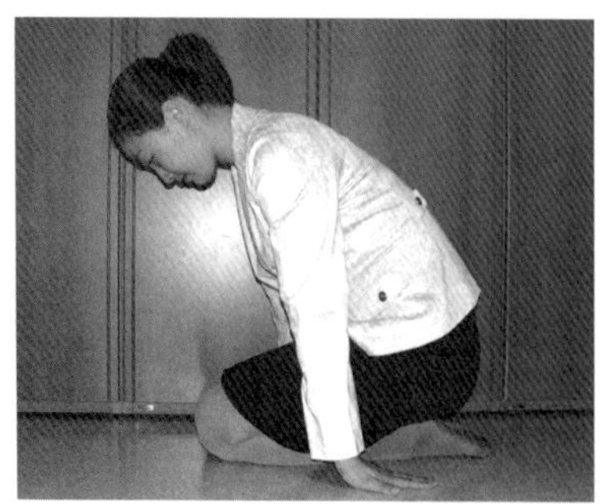
〈그림 18〉 양장큰절 (옆모습)

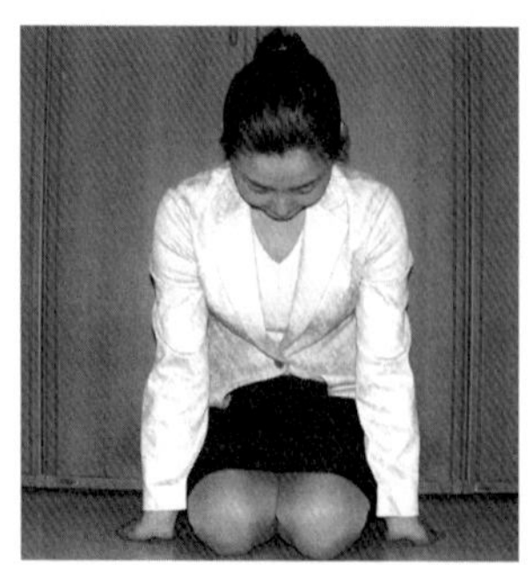
〈그림 19〉 양장큰절 (앞모습)

나. 평절(平拜) (그림20~21)

① 두 무릎을 꿇고 앉는다.

② 앉았을 때는 오른쪽 발이 왼쪽 발위로 오게 한다.

③ 두 손을 가지런히 무릎 위쪽에 모으고 머리를 30도 정도 숙여 절한다.

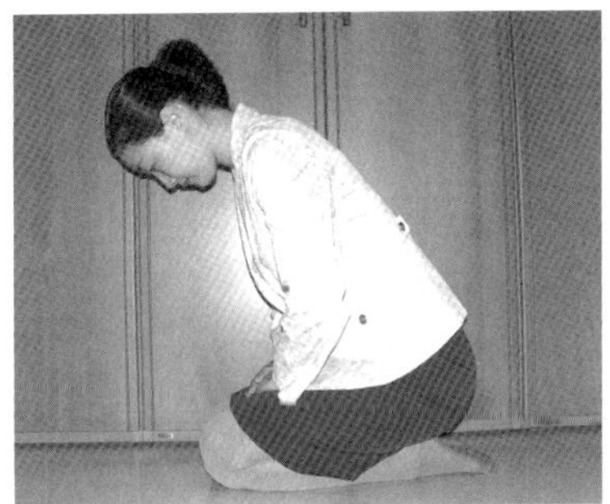

〈그림 20〉 양장평절 (옆모습)

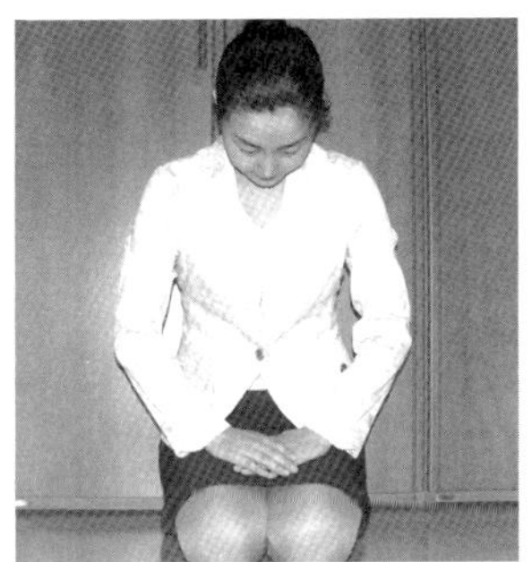

〈그림 21〉 양장평절 (앞모습)

다. 반절(半拜) (그림22~23)

① 두 무릎을 꿇고 앉는다.

② 앉았을 때는 오른쪽 발이 왼쪽 발위로 오게 한다.

③ 두 손을 가지런히 무릎 위쪽에 모으고 머리를 15도 정도 숙여 절한다.

〈그림 22〉 양장반절 (옆모습)

〈그림 23〉 양장반절 (앞모습)

6) 절 받는 예절

절은 바르게 하는 예절처럼 절을 받는 사람도 예절을 지켜야 한다. 만일 절을 받을 어른이 자세가 절 받을 준비가 되어 있지 않거나, 답배해야할 사람에게 절을 받고 그에 맞는 답배를 하지 않으면 실례가 되고 무례한 어른이 될 수 있다.

따라서 절을 할 아랫사람을 만나면 절 받을 자세를 갖추고 맞절할 상대이면 평절을 하고, 답배할 상대이면 반절을 한다. 절할 상대가 불편한 상태이면 절하지 말 것을 권하고, 너무 사양해도 안 된다.

미성년자의 절은 답배 하지 않고 칭찬을 해 주며, 장인은 사위의 절에 답배하지 않고, 장모는 반절로 답배한다.

7) 의식(儀式)에서의 경례(敬禮)

경례는 입식생활(立式生活)에서 하는 절이다. 한복을 입고 경례할 때는 공수하고, 양복을 입었을 때도 제복이 아니면 공수하고 경례한다.

전통적인 절도 의식행사에서는 한번만하는 홑 절이 아니고 두 번 하는 겹 절이다. 경례는 의식행사라도 두 번을 거듭할 수 없으므로 한번만 하되 윗몸을 90도로 굽혀 잠시 머물러 있다가 일어난다.

신랑과 신부의 맞절, 상가(喪家)에서 영좌(影座)에 하는 경례, 제의례나 추모식 등에서 신위(神位)에 대한 경례 등이 있다(표 2).

〈표 2〉 경례의 종류와 대상

종류	대상	요령
큰 경례	전통배례의 큰절과 동일	윗몸을 45도로 굽혀 잠시 머물러 있다가 일어난다.
평 경례	전통배례의 평 절과 동일	윗몸을 30도로 굽혔다가 일어난다.
반 경례	전통배례의 반절과 동일	윗몸을 15도로 굽혔다가 일어난다.
거수(擧手) 경례	군인/ 경찰/ 기타 제복을 입은 사람의 의식행사	오른손을 들어 이마에 선을 펴서 올려 놓는다.
맹세하는 경례	국기에 대한 경례/ 의식행사로서의 맹세를 할 경우	오른손을 들어 손바닥을 왼쪽 가슴에 대고 잠시 머물거나 맹세가 끝난 후 손을 내린다.
목례(目禮)	자주 만나 뵐 때 간단히 예를 표할 경우	예스러운 표정으로 고개만 숙인다.

8) 악수(握手)

악수는 절은 아니지만 반가운 인사의 표시로 행하기 때문에 절의 일종으로 간주할 수 있다.

① 악수의 기본동작은 오른손을 올려 엄지손가락을 교차해 서로 손바닥을 맞대어 잡았다 놓는 것이다. 가볍게 위아래로 몇 번 흔들어 깊은

정을 표시하기도 한다. 상대가 아픔을 느낄 정도로 힘을 주어 손을 쥐어도 안 되고 몸이 흔들릴 정도로 지나치게 흔들어도 안 된다.

② 악수는 윗사람이 먼저 청하고 아랫사람이 응한다.

③ 같은 또래의 이성간에는 여자가 먼저 청해야 남자가 응한다.

④ 아랫사람이 윗사람과 악수할 때는 윗몸을 약간 굽혀 경의를 표할 수 있다.

⑤ 윗사람은 왼손으로 아랫사람의 악수한 오른손을 덮어 쥐거나 토닥거려 깊은 정이나 사랑을 나타내기도 한다.

제 3 장

생활예절

1. 개인예절(個人禮節)

개인예절은 스스로 사람다워지기 위해 자기를 관리하는 방법이다. 우리생활은 대인관계를 엮은 사회생활이고, 대인관계는 사람과 사람의 관계이기 때문에 자기가 사람다워지는 예절이 모든 예절의 출발점이다.

(1) 구사와 마음가짐

1) 구사(九思)

예(禮)의 기본은 '예출어정(禮出於情)' 이라는 말과 같이 마음에서 우러나온다. 동양의 고전인 대학에서는 '정심 후 수신(正心 後 修身)' -자신의 마음을 바르게 한 후에 몸을 닦아야 한다 - 라고 하였다. 우리는 바르게 예스러운 마음으로 정성을 다하여 존중하고 말과 행동을 실천에 옮김으로써 우아하고 품위 있는 생활을 할 수 있다.

우리나라의 名賢인 栗谷 李珥(1536-1584)의 저술인 '격몽요결' 에서는 "학문을 깊게 하고 지혜를 더하는 데는 구사(九思)보다 중요한 것이 없다." 고 하였는데 구사는 공자의 논어에서 나오는 말로써 내용은 표 3과 같다.

〈표 3〉 구사(율곡의 격몽요결)

구사(九思)	직역	해설
시사명(視思明)	눈으로 볼 때는 밝게, 바르고 옳게 보아야 한다는 마음을 가져야 한다.	편견을 가지고 겉으로 나타나는 것만을 보지 말고 깊이 있게 본다.
청사총(聽思聰)	귀로 들을 때는 무엇이든지 밝게 지혜를 기울여 진정한 것을 들어야 한다.	고막을 울리는 것으로만 소리와 말을 듣지 말고 그 말이 무엇을 의미하는 것인지를 총명한 지혜로 알아들어야 한다.
색사온(色思溫)	표정, 즉 낯빛은 항상 온화하게 가져야 한다.	화가 난다든가 마음에 싫더라도 그것을 나타내지 말고 항상 고요하고 온화한 표정을 잃지 않아야 된다.
모사공(貌思恭)	몸가짐이나 옷차림 등은 공손하게 해야 한다.	남을 의식하지 않고 제 멋대로 꾸미면 건방지다는 말을 듣게 되고, 따라서 사람대접을 받지 못하게 된다. 공손하고 겸허한 모습이 되도록 공부하고 생각해야 한다.
언사충(言思忠)	말을 할 때는 진실 되게 해야 한다.	여기서의 忠은 '진실', '참'을 의미한다. 한마디라도 헛된 말을 하면 사람이 경망하고 부실해진다.
사사경(事思敬)	어른을 섬기는데 공경스럽게 섬겨야 한다	어른 섬긴다면서 공경 하지 못하면 그것은 섬기는 것이 아니다.
의사문(疑思問)	의심나는 것이 있으면 물어서 깨달아야 한다.	의심나고 모르는 것을 그냥 넘기면 영영 알 길이 없게 된다. 의심나면 묻고 배워서 하나라도 깨우쳐야 될 것이다 묻는 부끄럼 보다 모르는 부끄럼이 더 크다.
분사난(忿思難)	성난 마음을 달래지 못하고 그대로 분출하면 후환이 생길 것이다.	분하고 화나는 일이 있더라도 잘 참고 견디어 화를 그대로 표현하지 않는다.
견득사의(見得思義)	재물이나 명예나 무엇이든 자기에게 보탬이 되는 경우에는 그것이 옳은 것인가 생각해야 한다.	재물이생기면 그것이 정당한 것인가를 생각하고 명예나 지위가 자기에게 돌아오면 이 명예가 나에게 합당한 것인가 이 지위가 내가 능히 감당할 수 있는가를 생각해서 처신해야 그것들이 진정한 도움이 된다.

2) 마음가짐

현대적인 해석만 차이가 있을 뿐 예절을 지키기 위한 현대인의 마음가짐은 고전의 마음가짐과 다르지 아니하다. 모든 말과 행동은 마음먹은 대로 하게 된다. 따라서 마음은 예절의 뿌리이며 샘이다.

① 모든 일에 정성스러운 마음을 갖는다. 정성이란 자기를 속이지 않는 것이기 때문에 일이 마음먹은 대로 된다.

② 모든 일에 공경하고 너그러운 마음을 앞세운다. 내가 공경하면 남도 나를 공경한다.

③ 모든 것을 사랑하는 어진 마음을 갖는다. 남을 미워하고 내가 사악(邪惡)하면 남이 내게로 오지 않는다.

④ 모든 일에 조심하고 삼가는 마음을 갖는다. 조심하면 공손해지고, 삼가면 실수가 적다.

⑤ 욕심을 버리고 사양하는 마음을 갖는다. 욕심이 없어야 마음이 편하고 남에게 나누어 줄 것이 생긴다.

⑥ 스스로 잘못을 가려 부끄러워하는 마음을 갖는다. 자율(自律)하는 사람은 남의 간섭을 받지 않는다.

⑦ 항상 감사하고 넉넉한 마음을 갖는다. 마음이 가난한 사람은 억만금을 쌓아놓아도 가난하다.

⑧ 믿음을 앞세워 의심을 품지 않는다. 의심하는 사람은 항상 걱정이 있고 남의 믿음을 받지 못한다.

⑨ 모든 일에 예스럽게 하겠다는 마음을 갖는다. 이것이 바로 사람이 되어 남과 더불어 사는 지름길이다.

(2) 구용과 몸가짐

1) 구용(九容)

수신(修身)이란 사람이 악한 마음과 행실을 물리치고, 착한 마음과 행실을 닦아 수행하는 것이라 하였다. 명심보감(明心寶鑑)에서 이르기를 "약요인중아(若要人重我)이면, 무과아중인(無過我重人)이니라." 즉, "만약 남이 나를 중하게 여기기를 바라거든 내가 먼저 남을 중히 여겨야 한다."고 하였다. 이는 대인 관계에서 너무도 평범한 에티켓이다.

또, 율곡 선생의 '격몽요결'에서 몸가짐이 구용(九容)보다 간절한 것은 없다고 하였다. 자기 몸을 밝게 해서 속과 겉이 한결 같이 어두운 곳에 있어도 밝은 곳에 있는 것 같이 하고 혼자 있어도 여럿이 있는 것 같이 한다고 하였다. 구용의 내용은 표 4와 같다.

〈표 4〉 구용(율곡의 격몽요결)

구용(九容)	직역	해설
족용중(足容重)	발의 용모는 무겁게 움직여야 한다.	경솔한 거동을 하지 않는다. 만일 어른 앞으로 나갈 때 발이 걸려서는 안 된다. 걸음걸이는 가볍게 옮기지 않는다.
수용공(手容恭)	손의 모양은 공손해야 한다.	아무 할 일이 없으면 마땅히 단정히 손을 맞잡을 것이며, 손을 놀리거나 물건을 어루만져서는 안 된다. 손모양은 공손하게 움직여 함부로 느슨하게 하지 않는다.
목용단(目容端)	눈의 용모는 단정해야 한다.	눈매를 안정시켜서 똑바로 쳐다보고, 흘겨보거나 곁눈질을 하지 말아야 한다. 시선은 단정히 한다.
구용지(口容止)	입의 용모는 신중하게 가져야 한다.	말을 할 때나 음식을 먹을 때가 아니면 함부로 입을 움직이지 말아야 한다. 입모양은 신중히 한다.
성용정(聲容靜)	말소리는 나직하고 조용 하게 해야한다.	마땅히 형상과 기운을 바르게 가지고 조용히 내되 하품이나 기침 등의 잡된 소리를 내서는 안 된다. 목소리는 정갈하게 내도록 한다.
두용직(頭容直)	머리 모양은 똑바로 가져야 한다.	마땅히 머리를 똑바르게 들고 몸을 꼿꼿이 하며, 이리저리 돌리거나 한 편으로 기우뚱하게 기울지 말아야 한다. 머리 모양은 곧게하여 한쪽으로 삐딱하지 않는다.
기용숙(氣容肅)	숨소리는 조용하고 정숙히 가져야 한다.	마땅히 콧숨으로 고르게 하고 거센소리가 있어서는 안 된다. 숨을 쉬지 않는 것처럼 호흡한다.
입용덕(立容德)	서 있는 용모는 의젓하여야 한다.	중심을 세우고 기대지 말며, 엄연히 덕이 있는 기상을 가져야 한다. 똑 바로 서 있는다.
색용장(色容莊)	얼굴의 용모는 장엄하게 가져야 한다.	얼굴빛을 정제하여 태만한 색이 없도록 해야한다. 거만하거나 나태하지 않은 씩씩한 표정을 한다.

2) 몸가짐

가. 표정(表情)

표정은 마음의 창이며 분화구다. 표정은 바로 믿음의 거울이기 때문에 표정을 보면 그 사람의 마음을 읽을 수 있다.

① 얼굴은 전체를 부드럽고 온화하게 한다. 그늘이 없이 따뜻한 느낌을 주도록 한다.

② 얼굴을 찡그리지 않는다. 딱딱하면 상대가 겁을 먹고, 찌그리면 추하게 보인다.

③ 눈을 곱게 뜨고 시선을 단정하게 한다. 눈을 치뜨면 억눌린 사람 같고, 곁눈질하면 상대가 의심해 경계를 한다.

④ 입은 조용히 다물어 힘을 주지 않는다. 입에 힘을 주면 냉기가 돌고, 입을 벌리면 허술한 사람으로 보인다.

⑤ 턱은 자연스럽게 반듯하도록 한다. 일부러 턱에 힘을 주어 당기면 실속 없이 잘난척하는 사람으로 보인다.

⑥ 조작된 억지표정을 짓지 않는다. 억지표정은 거짓으로 보이기 쉽다.

⑦ 주위환경과 경우에 맞는 표정을 한다. 슬플 때는 슬픈 표정, 좋을 때는 기쁜 표정을 해야 정직하고 순수한 사람이다.

⑧ 갑작스럽게 표정을 바꾸지 않는다. 온건하고 담담한 표정이 사람을 진중하게 보이게 한다.

⑨ 얼굴색으로 가슴속을 보이고 눈빛으로 말을 한다. 다정한 표정, 진지하고 그윽한 눈빛이 남을 편하게 한다.

나. 신체(身體)

① 몸을 늘 정결하게 한다. 고약한 체취를 풍기면 남에게 불쾌감을 준다.

② 얼굴을 밝게 한다. 얼굴이 깨끗해야 표정이 순수해 보인다.

③ 이를 깨끗하게 닦아 입 냄새가 나지 않게 한다. 대화상대가 고개를 돌리지 않도록 해야 한다.

④ 코털이 길지 않는지, 공연히 훌쩍이지 않는지 살피고 주의한다.

⑤ 귀를 청결하게 한다. 귀지가 보이든가 귓바퀴에 때가 끼면 혐오감을 준다.

⑥ 머리를 단정하게 한다. 머리의 모양이 독특하면 유난스럽게 보인다.

⑦ 깨끗하게 면도 한다. 수염을 기르는 사람은 깔끔하게 손질한다.

⑧ 손, 발톱은 짧고 깨끗하게 한다. 손톱이 길어 때가 끼면 게으르게 보이고, 역겨운 칠을 하면 천박하게 보인다.

⑨ 눈을 밝게 유지 한다. 눈은 마음의 창이다. 눈곱이 끼거나 충혈 된 눈은 남에게 불쾌감을 준다.

다. 화장과 장신구

화장은 자기를 아름답게 꾸미는 것이며 아름다움은 건강한 자연색을 표현하는 것이다. 그것이 바로 자기를 보호하고 남과 어울리기 위한 것이다. 장신구는 자기의 신체적 허점을 보완하는 역할을 하는 꾸밈새이다.

① 얼굴색깔, 입술과 손톱의 색깔은 건강한 자연색 이상의 원색을 피한다.

② 눈과 눈썹의 화장은 윤곽을 분명하게 한다.

③ 돋보이는 화장보다는 남과 어울려 잘 나타나지 않는 화장을 한다.
④ 역겨운 냄새가 나지 않게 한다.
⑤ 장신구는 피부의 색깔, 체형, 체구 등과 균형을 이루어야 한다.
⑥ 복장의 디자인과 색깔은 조화를 이루고, 계절과 환경 및 시간에 맞추어 주변과 어울려야 한다.
⑦ 잔치에는 아름답고 화사한 것이 좋고, 흉사에는 현란한 색깔이나 디자인을 피한다.
⑧ 무조건 비싼 것 보다는 자신의 경제사정, 연령, 사회적 위치 등에 맞으며, 자신과 어울려야 한다.
⑨ 장식용 반지는 왼손 가운데 손가락에 끼운다.
⑩ 약속의 반지는 왼손 네 번째, 약지에 끼운다.
⑪ 동류(조직모임) 또는 우성(동창 등)의 반지는 왼손 두 번째 손가락에 끼운다.

라. 옷차림

옷은 체온을 보존하는 기능도 중요하지만 부끄러운 곳을 가리며 위험으로부터 신체를 보호하는 역할도 한다. 뿐만 아니라 자신을 더욱 아름답게 꾸미는 일도 의복이 갖는 기능 중의 하나이다.

① 옷은 새 옷보다 깨끗한 것이 생명이다. 항상 청결하게 손질해 입는다.
② 좋은 옷보다 단정하게 입는 것이 중요하다. 맬 곳은 매고 잠글 곳은 잠그며 감출 곳은 감추어 입는다.
③ 옷은 가급적이면 갖추어 입어야 한다. 와이셔츠를 입었으면 넥타이를 매고, 남자의 한복에는 두루마기를 입어야 한다.
④ 옷은 입어야 할 곳에 입는다. 속옷은 속에 입고 겉옷은 밖에 입는다.

스웨터를 허리에 두르는 것은 입는 게 아니다.

⑤ 옷은 경우와 용도에 맞게 입는다. 잠옷은 잠자리, 작업복은 일을 할 때 입고, 좋은 일에는 화사한 옷을 입고 슬픈 일에는 현란한 옷을 입지 않아야 한다.

⑥ 옷은 연령, 성별, 계절에 맞게 입어야 한다. 색깔, 디자인, 두께 등을 구별해 제대로 입는다.

⑦ 제복(유니폼)이나 예복을 입어야 하는 단체나 행사에는 정해진 옷을 입는다.

⑧ 의식행사에 참석할 때는 간소 복을 입지 않고 정장을 한다.

⑨ 옷을 입을 때는 개성을 돋보이기보다는 남과 어울릴 수 있는 것을 염두에 둔다.

(3) 몸동작과 자세

1) 서기

몸을 청결하게 하고 옷맵시를 깔끔하게 했더라도 몸가짐과 기거동작이 예의범절에 어긋나면 아무런 가치가 없다. 선 자세는 모든 자세의기초가 되므로 가장 중요한 자세이다.

① 발은 편하게 약간 벌린다.

② 무릎과 엉덩이, 허리를 자연스럽게 곧게 편다.

③ 체중은 두 다리에 고르게 싣는다.

④ 두 손은 앞으로 모아서 공수한다.

⑤ 가슴은 뒤로 젖히지 말고 자연스럽게 편다.

⑥ 두 어깨는 반듯하게 해서 앞으로 굽거나 뒤로 젖히지 않는다.

⑦ 고개는 반듯하게 들고 턱을 자연스럽게 갖는다.

⑧ 눈은 곱게 떠서 자기키의 3배정도 앞을 본다.

⑨ 입은 자연스럽게 다문다.

⑩ 다음의 서기 자세가 되지 않도록 유의한다.

- 무릎을 버리고 선 자세
- 어깨를 올이고 선 자세
- 손가락을 버리고 선 자세
- 뒷짐을 지고 선 자세
- 중심이 잡히지 않아 부자연스럽게 선 자세

2) 바닥에 앉기

① 어른의 정면에 앉지 않고, 남자는 어른의 왼쪽 앞, 여자는 오른쪽 앞에 앉는 것을 원칙으로 한다.

② 실내의 장식을 가리지 않고 충분한 공간을 두고 앉는다.

③ 어른께서 앉으라고 말씀해야 앉는다.

④ 먼저 왼 무릎을 꿇고 다음에 오른 무릎을 꿇어앉는다.

⑤ 두 손을 가지런히 펴서 두 무릎위에 얹거나, 공수한 손을 남자는 중앙에, 여자는 오른쪽 다리위에 놓으면 좋다.

⑥ 어른께서 편히 앉으라고 말씀하면 편히 앉는다.

⑦ 벽이나 가구 등에 기대지 않으며 손으로 바닥을 짚고 비스듬히 앉지 않고, 다리를 뻗고 앉아도 안 된다.

⑧ 옷이 펼쳐지지 않게 다독거린다.

⑨ 시선은 앉은키의 2배 정도 바닥에 둔다.

3) 방석에 앉기

① 어떤 경우라도 방석을 발바닥으로 밟지 않는다.

② 왼 무릎을 꿇기 전에 두 손으로 방석을 당겨 무릎 밑에 반듯하게 넣으면서 방석 위에 무릎을 꿇는다.
③ 방석의 중앙에 앉되 발끝이 방석의 뒤편 끝에 걸쳐지게 앉는다.
④ 방석이 구겨지지 않게 곱게 앉는다.
⑤ 일어날 때는 무릎을 들면서 두 손으로 방석을 원 자리에 밀어 놓는다.

4) 의자에 앉기

① 앉아야 할 의자의 옆에서 바른 자세로 정면을 향해 선다.
② 의자 쪽으로 몸을 약간 돌리면서 의자 쪽의 손으로 의자의 등받이를 잡아 의자가 흔들리지 않게 한다.
③ 의자의 반대쪽 발을 의자의 앞선 보다 약간 앞으로 내디딘다.
④ 의자 쪽의 발을 의자에 앉았을 때 놓인 위치로 내디딘다.
⑤ 의자의 반대쪽 발을 앞에 내디딘 발과 가지런히 모으며 등받이를 잡은 손을 뗀다.
⑥ 의자가 밀려 흔들리지 않도록 두 손으로 의자의 양 옆이나 팔걸이를 잡고 앉는다.

5) 걷기

바르게 선 자세에서 발을 움직여 위치를 옮기는 것이 걷기이다.

① 몸의 중심은 바닥을 디딘 발에 얹는다.
② 몸은 흔들지 않고 발만 옮긴다.
③ 양팔은 자연스럽게 앞뒤로 흔들거나 앞으로 모아 공수한다.
④ 발바닥이 앞뒤에서 보이지 않게 바닥과 발바닥이 평행이 되게 걷는다.
⑤ 발바닥을 바닥에 놓을 때는 앞과 뒤가 동시에 바닥에 닿도록 한다.
⑥ 일직선의 양 옆에 발이 놓이도록 곧게 걷는다.
⑦ 펄럭거리지 않게 옷을 여미며 걷는다.
⑧ 뛰거나 허둥대지 말고 조용히 물이 흐르듯이 걷는다.
⑨ 실내에서는 아래 요령으로 걷는다.
- 보폭을 좁게 한다.
- 발자국소리가 나지 않게 걷는다.
- 한복을 입은 여자는 발끝이 치맛자락을 차듯이 밀며 걷는다.

⑩ 계단은 아래와 같은 요령으로 이동한다
- 계단소리가 나지 않게 한다.
- 옷자락을 들고 여며 밟지 않게 한다.
- 남녀가 함께 오르내릴 때는 남자가 먼저 오르고, 여자가 먼저 내려간다.

⑪ 남의 앞을 지날 때에는 다음을 유의한다.
- 반드시 '실례합니다', '미안합니다' 라고 한다.
- 조용하면서도 민첩하게 걷는다.
- 남의 몸에 기대거나 부딪치거나 옷이 스치지 않게 한다.
- 뒷모습이 상대에게 정면으로 보이지 않게 한다.

(4) 실내예절

1) 방 출입

① 출입할 때에는 노크를 하거나 인기척을 내어 안에 있는 사람이 알 수 있도록 한다.

② 문을 열고 닫을 때에는 어깨, 발 등을 쓰지 말고 두 손을 사용한다.

③ 안으로 들어가거나 나올 때에는 문턱(문지방)을 밟지 않는다.

④ 방안의 사람에게 뒷모습을 보이지 않도록 조심한다.

⑤ 문은 가능한 조용히 여닫으며, 걷는 발소리도 소리가 나지 않도록 한다.

⑥ 문을 필요 이상으로 넓게 열지 말고, 문을 열어 놓은 채 다른 일을 하지 않는다.

⑦ 문을 열 때에는 문 가까이서 열고, 잡아당겨서 열 때에는 한 발자국 정도 떨어져서 연다. 미닫이문을 열고 닫을 때는 두 손으로 잡아당겨 열고 닫는다.

⑧ 열리는 쪽을 막지 않는 위치에서 문을 연다. 즉 경첩(돌쩌귀)가 있는 쪽에서 연다.

⑨ 밀어서 열 때는 문 가까이에서 열고, 잡아당겨서 열 때는 한 발자국 정도 떨어져서 연다.

⑩ 다른 사람과 함께 출입할 때는 상대가 먼저 들고 나도록 양보한다.

2) 기거(起居)

기거동작이란 어른 앞에서의 몸가짐을 말하는 것이다.

① 어른보다 편한 자세를 취하지 않는다.

② 어른보다 높은 곳에 위치하지 않는다.
③ 어른에게 뒷모습을 보이지 않는다.
④ 어른의 말씀이 자기에게 유리한 내용이면 세 번 정도 사양한다.
⑤ 어른의 말씀이 자기에게 불리한 내용이면 바로 실천한다.

3) 물건취급

① 물건은 소리 나지 않고 상하지 않게 조심스럽게 다룬다.
② 물건 아래와 위, 속과 겉이 바뀌지 않게 다룬다.
③ 두 손으로 다루는 것을 원칙으로 하고, 위험한 물건을 남에게 줄 때는 상대편이 잡기에 편하도록 하고, 책은 상대에 바르게 준다.
④ 앉아서 주는 물건은 앉아 받고, 서서 주는 물건은 서 받는다.
⑤ 남으로 부터 물건을 받을 때에는 두 손으로 공손히 받아서 조심스럽게 놓아둔다.
⑥ 대접할 음식을 담은 그릇은 그릇 안에 손이 닿지 않게 하며, 상이나 쟁반으로 바친다.

2. 대인예절(對人禮節)

(1) 언어예절(言語禮節)

1) 언어예절의 중요성

예절의 실체는 마음속에 있고, 그 예절의 마음을 상대편에게 인식시키는 첫 번째 방법이 '말' 이다. 말은 의미가 담긴 소리이기 때문에 뜻이 통하지 않는 말은 올바른 말이라고 할 수 없다. 어떤 소리에 어떤 의미를 담아서 스스로가 표현하고자 하는 뜻을 이해하기 쉽도록 나타내는 표현을 언어(言語)예절이라고 한다.

2) 말의 맵시

같은 말이라도 상대편이 이해할 수 있고 듣기 편리하며 즐겁게 하지 않으면 안 된다.

① 때와 장소를 가려서 말한다.

② 상대가 듣고 싶어 하는 고운 말을 하여야 한다.

③ 두 번 이상 같은 말은 가능하면 하지 않는다.

④ 일관성 있는 말을 하여 상대에게 믿음을 주어야 한다.

⑤ 상대의 눈을 보며 표정을 온화하게해서 말한다.

⑥ 조용하면서도 재미있게 말한다.

⑦ 상대편이 이해하기 좋게 겸손하게 말한다.

(2) 대화예절(對話禮節)

1) 말을 하는 예절

① 대화 상대에 따라 말씨를 결정한다.

② 감정을 평온하게 갖고 표정을 부드럽게 한다.

③ 자세를 바르게 하여 공손하고 성실하게 의젓함을 지닌다.

④ 대화 장소의 환경과 상대의 성격, 수준을 참작해 화제를 고른다.

⑤ 조용한 어조, 분명한 발음, 맑고 밝은 음성, 그리고 적당한 속도로 말한다.

⑥ 듣는 사람의 표정과 눈을 주시해 반응을 살핀다.

⑦ 상대가 질문하면 자상하게 설명하고, 이견을 말하면 성의있게 듣는다.

⑧ 표정과 눈으로도 말하는 진지함을 잃지 않는다.

⑨ 남의 이야기 중에 끼어들지 않는다.

⑩ 화제가 이어지도록 간결하게 요점을 말해 중언부언하지 않는다.

⑪ 말의 시작은 양해를 얻어서 하고, 끝맺음은 요령있고 분명하게 한다.

2) 말을 듣는 예절

① 말은 귀로만 듣지 말고 표정, 눈빛, 몸으로 듣는다는 자세가 필요하다.

② 상대방의 말을 가로 채지 말아야 한다.

③ 말 도중 의문이 있으면 말이 끝난 뒤에 묻는다.

④ 대화중에 자리를 뜰 때는 양해를 구하고 다른 사람에게 방해되지 않게 한다.
⑤ 질문하거나 다른 의견을 말할 때는 정중하게 말한 사람의 양해를 구한다.
⑥ 남의 말을 비판하지 말고 상대의 의견을 존중 하여야 한다.
⑦ 다른 사람의 말을 끝까지 경청한다.

3) 친절한 대화

마음에 있는 생각을 잘 표현하지 못하는 경우가 많습니다. 미안하다, 고맙다는 말을 하고 싶은데도 말 한마디 못하고 그냥 돌아서는 경우가 있다. 또한 남에게 폐를 끼쳤거나 호의를 받았을 때 그에 적절한 말을 하지 않는 다면 상대방은 나를 무례한 사람으로 오해 할 수도 있다. 따라서 자기가 받은 호의나 실례의 감정을 솔직하게 표현하는 것은 중요한 일이다.

① 비어(卑語) 및 속어(俗語)를 사용하지 않는다.
② 종업원을 부를 때는 손을 들거나 "여보세요"를 사용해야 한다. "어이, 아가씨, 나 좀 봐"는 상대방의 인격을 격하한다.
③ 공적인 장소에서는 친한 사람끼리도 경어를 사용해야 한다.
④ 폐를 끼쳤을 때에는 사과의 표현을 한다.
⑤ 호의를 받았을 때 감사의 표현을 한다.

4) 대화할 때 주의사항

① 이야기를 시작하자마자, 본론에 들어가지 않는다.
② 질문은 적절해야 하며, 상대방보다 말을 많이 하지 않는다.
③ 상대편의 말을 끊지 않는다.

④ 상대편 이익이 되는 것을 우선 제안한다.

⑤ 분명치 않은 내용에 대해선 "방금 하신 말씀은 이런 것 이었지요" 라며 반드시 확인한다.

⑥ 자신의 권한 범위를 넘는 제안일 경우 "회사에 보고해 검토하겠습니다." 라고 유보한다.

⑦ 자기 회사에서만 통하는 표현, 어려운 전문용어는 피한다.

⑧ 대화 뿐 아니라 자세와 시선에도 신경을 쓴다.

(3) 전화 예절(電話禮節)

전화통화는 보이지 않는 상대방과의 대화이다. 우리는 때때로 얼굴이 보이지 않는 상황에서는 다소 무례해지기 쉽다. 통화를 할 때 상대방의 얼굴이 직접 보이지 않아도 통화음성을 통해 기분이 전달되고 인격과 태도가 나타나 상대방의 모습이 그려진다. 따라서 어떤 전화라 할지라도 자기감정을 다스려 친절하게 대응하고, 밝은 음성으로 상대방에게 좋은 이미지를 주어야 한다.

1) 전화 받는 예절

① 벨이 2~3번 울리면 받는다.

② 왼손으로 받고 오른 손으로 메모한다.

③ 인사말과 함께 자신을 밝힌다.

④ 상대방을 정확히 확인하고, 메모 하는 것이 좋다.

⑤ 중요한 내용은 복창하고 상대방에게 확인한다.

⑥ 전화를 받을 사람이 통화 중일 때에는 급한 일이면 메모하고 전한다.

⑦ 전화 받을 사람이 없을 때 상황에 맞게 처리한다.

⑧ 전화 통화 중에 다른 사람과 상의할 일이 발생하면 상대방에게 들리지 않도록 한다.

⑨ 전화를 끊을 때에는 끝맺음 인사를 합니다. “감사합니다! 좋은 하루 되십시오!”

2) 전화 거는 예절

① 상대방의 전화번호, 이름, 용건을 미리 확인한다.

② 전화걸기 전 미리 말할 내용을 메모해 두면 시간을 절약하고 내용을 정확히 전달할 수 있다.

③ 상대방이 수화기를 들면 인사를 하고, 자기이름을 밝힌다.

④ 상대방을 확인하고 지명인을 부탁한다.

⑤ 원하는 상대방이 부재 시 “죄송합니다만 ○○○에게 메모를 부탁합니다!” 라고 정중히 말한다.

⑥ 통화도중 전화가 끊기면 전화 건 사람이 다시 걸어야 한다.

⑦ 전화를 끊을 때에는 끝맺음인사를 한다.

⑧ 수화기는 상대방이 끊는 것을 확인하고 조용히 내려놓는다.

3) 전화 예의의 중요성

전화는 시간을 절약 할 수 있고 용무를 간단히 끝낼 수 있는 문명의 이기이지만. 전화를 사용할 때는 여러 가지 주의가 필요하다. 서로가 눈에 띄지 않는 곳에서 대화를 하는 것이라고 예의를 저버리는 일이 있어서는 안 된다. 전화를 걸때, 전화를 받을 내가 불쾌한 전화는 남도 불쾌하다는 것을 알아야 한다.

① 통화는 공손하게 하여야 한다.

② 벨이 울리면 되도록 빨리 받아야 한다.

③ 큰 소리로 통화하여 남에게 폐를 끼치지 않도록 한다.

④ 너무 이르거나 늦은 시간에는 전화하지 않는다.

⑤ 통화는 되도록 간단히 한다.

⑥ 수화기는 천천히 내려놓는다.

⑦ 잘못 걸려온 전화도 친절하게 응대 한다.

⑧ 휴대전화를 통한 통화는 공공장소에서 이루어질 수 있기 때문에 때와 장소를 구분하는 예절을 갖추어야한다.

– 병원, 비행기 등 사용 금지구역에서 절대 사용하지 않는다.

– 운전하거나 길을 걸을 때는 사용하지 않는다.

– 공공장소에서는 진동으로 바꿔 놓는다.

– 조용한 음성으로 통화한다.

(4) 네트워크 에티켓(네티켓)

PC통신, 인터넷 등 사이버공간은 현실에 막강한 영향력을 발휘하는 매체로 존재하고 있다. '네티켓' 이라 불리는 사이버공간에서의 예절은 네티즌 스스로 지켜야 할 통신 문화이다. 사이버문화의 질이 해당국가의 문화적 질로 평가되고 있다.

1) 네티켓의 10대 원칙

① 친절한 마음을 보인다.

② 거짓말을 하지 않는다.

③ 우리말을 정확히 사용한다.

④ 욕설이나 유언비어를 말하지 않는다.

⑤ 상대방을 인격적으로 존중한다.

⑥ 상대방의 문화와 사고방식의 차이를 인정한다.

⑦ 불필요한 글을 띄우지 않는다.

⑧ 만나고 헤어질 때는 꼭 인사를 한다.

⑨ 사생활을 침해하는 일은 하지 않는다.

⑩ 네티켓은 내 인격의 거울임을 기억한다.

2) 게시판 예절

① 게시판의 글은 명확하고 간결하게 쓴다.

② 게시판의 내용을 잘 설명 할 수 있는 알맞은 제목을 사용한다.

③ 문법에 맞는 표현과 올바른 맞춤법을 사용한다.

④ 다른 사람이 올린 글에 대해 지나친 반박을 삼간다.

⑤ 사실 무근의 내용은 올리지 않는다.

⑥ 자기의 생각만 고집함으로써 상대방에게 불쾌감을 주지 않는다.

3) 채팅 네티켓

① 입장 혹은 퇴실 할 때 서로에게 인사를 나눈다.

② 대화를 나누는 상대방을 존중한다.

③ 바른 언어, 좋은 말을 사용한다.

④ 채팅방에서 만난 잘 모르는 사람을 함부로 만나지 않는다.

4) 이메일 네티켓

① 보내는 사람이 누구인지 정확히 밝힌다.

② 욕설이나 험담이 담긴 메일을 보내지 않는다.

③ 메일 내용을 쓴 후 한 번 검토하고 보낸다.

5) 자료실 네티켓

① 불법 소프트웨어는 올리지 않는다.

② 음란물은 올리지 않는다.

③ 자료를 올리기 전에 바이러스 검사를 한다.

3. 식사예절(食事禮節)

우리나라 음식문화는 조선시대부터 식생활에 대한 규범이 정착되었다고 한다. 이는 조상 숭배와 어른을 공경하기 위한 사상에서 비롯되었다. 식사를 할 때는 언제나 몸가짐을 의젓하게 하고 옷차림도 단정히 하며 항상 감사하는 마음으로 먹어야 한다.

(1) 우리나라 식사예절

1) 일반예절

① 출입문에서 떨어진 안쪽 식탁 중앙이 상석이다.

② 식탁에 몸을 숙이지 말고 단정한 자세로 앉는다.

③ 상을 받으면 가볍게 답례인사를 하고 자세를 바르게 하여 의젓하면서도 자연스럽게 식사한다.

④ 수저소리, 음식 씹는 소리는 내지 않으며, 국물을 먹을 때는 그릇째 들어 마시는 일이 없도록 한다.

⑤ 숟가락을 밥상에 놓으면 식사가 끝났다는 뜻이므로 식사 중에는 숟가락을 밥그릇이나 국그릇에 놓는다.

⑥ 두 사람 이상이 같이 식사를 할 때에는 자기가 필요한 만큼 덜어 먹을 수 있도록 개인접시를 놓고 간장, 초간장 등의 조미료도 덜어다 쓴다.

⑦ 자기 기호에 맞는 것만을 골라 먹음으로써 다른 사람에게 피해를 주지 않는다.

⑧ 식사 중에 젓가락과 숟가락을 동시에 한손에 쥐지 않는다.
⑨ 어른이나 친구와 겸상 또는 셋겸상 등의 식사를 할 때에는 먼저 어른이나 손님인 친구가 수저를 들어서 식사를 시작하면 그때 시작한다.
⑩ 웃어른과 함께 식사할 때는 속도를 맞추도록 유의한다. 부득이 하게 먼저 끝났으면 숟가락을 반기 또는 탕기, 숭늉 그릇 등에 담아 놓았다가 웃어른의 식사가 다 끝나면 숟가락을 내려놓는다.
⑪ 식사 중에 음식에서 돌이나 기타 먹지 못할 것을 발견했을 때는 옆 사람이 눈치 채지 않도록 조용히 휴지나 손에 뱉어서 상 밑에 두었다가 나중에 버린다.
⑫ 식사 도중에 가능하면 자리를 뜨지 않는다.
⑬ 식사가 끝나면 수저를 정돈하여 수저 끝이 상 밖에 나오지 않게 놓는다.
⑭ 뚜껑은 여는 순서와 반대로 덮으며, 다 먹은 그릇의 뚜껑은 뒤집어 덮고 음식이 남은 그릇의 뚜껑은 본래대로 덮어 놓는다. 식사가 끝나면 잘 먹었다는 인사를 하는 것이 좋다.
⑮ 식사 후 트림이나 양치질, 얼굴화장 등은 다른 사람에게 불쾌감을 주기 쉬우므로 타인이 모르게 해결한다(특히 걸어가면서 이쑤시개를 사용하는 행위는 불결한 인상을 준다).

2) 한식(韓食)예절

① 윗분은 아랫목에 앉고 최하위자는 문 쪽에 앉는다.
② 윗분이 자리에 앉은 후에 따라 앉는다.
③ 손위 사람이 수저를 든 뒤에 아랫사람 순으로 수저를 든다.
④ 식사의 속도는 윗분과 보조를 맞추고 먼저 끝나더라도 자리를 떠나지 않는다(급할 때는 양해를 구한다).

⑤ 국물 마시는 소리, 수저소리, 음식물 씹는 소리를 내지 않도록 한다.
⑥ 돌등이 씹혔을 경우 앞 사람 모르게 조용히 처리한다.
⑦ 맛있는 것에 제일 먼저 수저를 대거나 맛있는 것만 먹으면 안 된다.
⑧ 생선 뼈 등은 흉하지 않게 빈 접시에 가지런히 버린다.
⑨ 상대방이 손위이거나 손님일 경우에는 먼저 수저를 놓아서는 안 된다.
⑩ 음식물을 가득히 입에 넣고 이야기 하지 않는다.
⑪ 윗분 식사 중일 때는 물로 입을 헹구거나 이를 쑤시는 행위를 하지 않는다.
⑫ 식사 후 트림을 하거나 그 자리에서 담배를 피우지 않는다.
⑬ 식사 후 입 주변을 휴지 또는 손수건으로 깨끗이 한다.

〈참조〉 한식의 반상과 진지상

반상		진지상	
명칭	내용	명칭	내용
삼첩	밥, 국, 김치, 나물(숙채), 생채, 조림이나 구이	외상	혼자 드리는 상
오첩	밥, 국, 김치, 나물(숙채), 생채, 조림구이, 전유어, 마른반찬, 종지2, 찌개1	겸상	두 분을 같이 드리는 상
칠첩	밥, 국, 김치, 나물(숙채), 생채, 조림구이, 전유어, 젓갈, 회, 종지3, 찌개1, 찜1	세겸상/ 네겸상	세분/ 네 분을 같이 드리는 상
구첩/ 십이첩 등	궁중이나 대가에서 차리던 상.	교자상/ 두레반상	다섯 분 이상을 같이 드리는 상

(2) 외국의 식사예절

1) 중국식 식사예절

① 정식은 대기실에서 차와 수박 종류가 나온다.
② 입구에서 제일 먼 자리가 상석이며, 주최자는 주빈과 마주하고 입구에서 가장 가까운 자리에 앉는다.
③ 주빈부터 순서대로 회전 대를 돌리면서 직접 접시에 덜어서 먹는다.
④ 한 번에 여러 가지를 담지 않는다. 음식을 다 덜었으면 회전 대를 천천히 돌려 다음 사람에게 요리를 넘긴다.
⑤ 주채(튀김, 조림)는 뜨거울 때 먹는다.
⑥ 채색이 곱게 장식된 전채는 모양이 허물어지지 않도록 밑에서부터 조심스럽게 떠낸다.
⑦ 개인접시가 요리로 더럽혀졌거나 찌꺼기가 많아졌을 때에는 웨이터에게 새로운 접시를 부탁한다.
⑧ 새로운 요리가 나올 때 마다 따라 술을 권하며 요리를 먹는다.

2) 서양식 식사예절

차례로 식탁에 나오는 요리를 코스(course)라 하고 정식 만찬에서 모든 요리가 다 차례로 나오는 것을 풀코스(full course)라고 한다.

가. 식사 전 예절

① 술 - 식사 전에 식욕을 촉진하기 위하여 마시는 술로 한, 두잔 정도

하고, 너무 많이 마시는 것은 좋지 않다.

② 전채(前菜) - 식욕을 돋기 위하여 가볍게 먹는 요리로 샐러리, 파슬리, 양파, 당근 등은 손으로 먹어도 무방하고, 토스트나 크래커에 치즈, 연어 등을 얹어 먹기도 한다.

③ 스프(soup) - 스프는 마시는 것이 아니라 소리 나지 않게 먹으며 뜨거울 때는 입으로 불어서 식히지 않고 스푼으로 저어서 식히도록 한다.

④ 빵 - 보통 스프를 먹고 난 직후에 나온다. 빵은 포크나 나이프를 이용해 먹지 않고 손으로 떼어 먹는다. 버터는 나이프로 빵에 발라 먹는다. 빵 접시는 왼쪽에 놓게 되어있어 다른 사람과 혼돈하지 말아야 한다.

나. 식사중의 예절

① 의자의 왼편으로 들어가서 의자를 당겨 식탁과 10cm정도 가까이 바른 자세로 앉는다.

② 냅킨은 무릎위에 펴놓으며 식사가 끝난 후에는 접어서 식탁 위에 놓는다.

③ 스프를 먹을 때에는 숟가락을 앞쪽에서 뒤쪽으로 움직인다.

④ 포크와 나이프는 좌우 바깥쪽에 놓인 것부터 사용한다.

⑤ 대화할 때는 나이프와 포크를 (八)자 모양으로 걸쳐 놓으며 식사 후에는 가지런히 접시위에 놓는다.

⑥ 빵은 스프를 먹고 난후부터 후식 전까지 먹는데 손으로 떼어 버터나이프로 버터나 잼을 발라서 먹는다.

⑦ 차를 마실 때는 소리 나지 않게 조용히 마신다.

⑧ 식탁 위에 팔꿈치를 올려놓지 않으며 식사 중에 나이프와 포크를 바닥에 떨어뜨렸을 때는 새것으로 가져오게 한다.

⑨ 빵이나 샐러드는 왼편 것을, 물이나 술은 오른편 것을 먹는다.

⑩ 다음의 사항을 유의한다.

- 스프가 나오기 전에 전채요리가 나오는 경우도 있다.
- 나이프는 오른손, 포크는 왼손에 쥔다.
- 생선요리는 나이프로 거들면서 포크를 사용한다.
- 고기종류의 요리는 조금씩, 한입에 들어갈 만큼 잘라 가면서 먹는다.
- 숟가락은 차를 저은 후 찻잔 뒤쪽에 놓으며 차를 소리 나지 않게 마신다.
- 뷔페식을 먹을 때는 너무 많이 담아서 음식이 그릇에 남지 않도록 한다.

3) 일식 식사예절

① '도코노마' 앞 중앙이 상석이다.

② 상위의 식기를 움직일 때는 손을 이용하여 이동시키기고 절대로 밀지 않는다.

③ 밥은 적당량을 먹으며 국은 한번정도 더 요청해도 된다. 밥을 다시 청할 때는 공기에 한술쯤 남기고 청한다.

④ 밥이나 국은 반드시 양손으로 받고 일단 상위에 놓은 다음 먹는다.

⑤ 밥을 한 젓가락 먹고 원하는 반찬을 먹는데 이것저것 집어먹지 않고 밥으로 한번 돌아왔다가 다른 반찬을 집는다.

⑥ 밥을 한 젓가락 먹고 공기를 상위에 놓고, 국그릇을 들고 한 모금 마신 다음, 국건더기를 한 젓가락 건져 먹고 국그릇을 상위에 놓는다. 이때 국물을 밥그릇에 부어 먹어서는 안 된다.

⑦ 술은 상대의 술잔에 조금 남아 있는 상태에서 더 부어 채운다.

4) 레스토랑(Restaurant) 매너(Manner)

① 레스토랑을 이용할 때는 사전 예약해야 한다.
② 복장은 다른 사람에게 불쾌감을 주지 않는 최소한의 복장매너를 지켜야 한다.
③ 안내원의 안내를 받아 자리에 앉는다.
④ 좌석에는 상석이 있음을 알아야 한다. 대개 출입문 안쪽이 통상이다.
⑤ 보통 웨이터가 맨 먼저 주는 의자가 상석이다.
⑥ 테이블에서 대개 주먹 두 개의 간격을 두고 떨어져 앉는다.
⑦ 여성의 핸드백은 등과 의자 사이에 놓아둔다.
⑧ 냅킨은 식탁에 앉자마자 성급하게 펴는 것이 아니다. 전원이 안정되면 무릎위에 가져와 편 후에 반으로 접어진 쪽을 자기 앞으로 놓는 것이 매너이다.
⑨ 메뉴를 천천히 보는 것도 매너이다. 대개 전채, 수프. 생선요리, 육류요리, 샐러드, 디저트, 커피 순으로 구성 되어 있다.
⑩ 식사 중에 얼굴 또는 머리를 만지거나, 다리를 포개는 것은 좋지 않다.

5) 와인(Wine) 매너(Manner)

① 와인을 따를 때 글라스를 들어 올리거나 기울이지 않는다. 서양에서는 더럽다는 표시이다.
② 와인을 사양할 때는 글라스의 가장자리에 가볍게 손을 얹어 '그만 마신다' 는 표시를 한다.
③ 와인을 따를 때는 글라스의 3분의 1만 따른다.

④ 와인은 앙금이 있을 수 있기 때문에 천천히 따른다.
⑤ 와인은 차게 마실 경우 첨잔하지 않는다.
⑥ 남성은 자기 오른쪽에 앉은 여성의 와인 잔이 비워졌을 때 바로 잔을 채운다.
⑦ 음식을 씹으며 와인을 마시지 않는다.
⑧ 와인 한 병은 보통 와인글라스로 7~8잔이 나오므로 사람 수에 따라 적당한 양을 주문하도록 한다.
⑨ 잔을 코에 가까이 대고 살짝 흔들어 와인향기를 맡는다.
⑩ 와인을 단숨에 마시지 않고, 한 모금씩, 입안에서 한두 번 굴려가며 천천히 음미하며 마신다.
⑪ 와인은 '식 중주' 이므로 음식을 먹다 와인을 마실 때는 냅킨으로 입가를 가볍게 닦아내고 마신다.
⑫ 와인을 마실 때는 잔의 몸체부분이 아닌 다리 부분을 잡고 마신다.
⑬ 초대를 받았을 때는 간간히 와인의 맛에 대한 칭찬을 한다.

(3) 과일 접대(接待)

과일을 손님에게 내는 방법과 대접을 받았을 때의 먹는 방법을 익혀, 어디서 누구하고나 모든 과일을 즐겁고 맛있게 먹을 수 있도록 한다. 대접할 때 편하고 맛있게 먹을 수 있도록 기구를 마련해주며 먹는 이 역시 편하고 즐겁게 먹어야 한다.

1) 사과, 배

사과나 배를 통째로 대접할 때에는 자기 개인접시에 가져다 반듯하게 놓고 1/4~1/6쪽으로 베어 씨를 깎아 버린다. 껍질을 벗긴 다음 포크로 찔러서 한 입 크기만큼 과도로 자른 다음 포크로 먹는다. 한 개를 통째로 깎아서 입으로 잘라 먹는 것은 예의가 아니다. 미리 깎아 대접할 때에는 과일을 4~6등분하여 쪼개어 놓고 씨를 깎아 버린 후 껍질을 깎아 큰 접시에 담아 포크를 놓아 내놓는다. 미리 깎아 놓을 경우, 변색을 막기 위하여 설탕물이나 소금물에 담갔다 내놓는다.

2) 복숭아

털을 물로 깨끗이 씻어서 껍질을 벗기고 6등분 하여 접시에 담아 포크와 종이 냅킨을 놓아 내놓는다.

3) 딸기

꼭지를 떼지 말고 하나하나 깨끗한 물에 씻고 다시 소금물에 씻은 다음 또 다시 수돗물에 씻어서 소쿠리에 건져 물기가 빠진 다음 꼭지를 떼어 유리그릇에 담아 포크와 함께 쟁반에 낸다.

4) 포도

6~8알 정도 작은 송이로 만들어 소쿠리에 담아 물에 골고루 돌려가며 씻는다. 물기를 뺀 다음 큰 접시에 담아내고 개인접시와 냅킨을 내어 놓는다.

5) 수박

수박은 깨끗이 씻어 냉장고에 넣어 둔다. 먹을 때 꼭지 쪽에서부터 7cm넓이로 길게 자른 다음 다시 옆으로 2cm두께로 썰어 쟁반에 담아 개인 접시와 포크, 휴지를 함께 내어 놓도록 한다. 한 조각을 자기 접시에 가져다 놓고 포크로 씨를 빼고 한입 크기씩 자르면서 먹는다.

6) 참외

깨끗이 씻어서 껍질을 벗기고 길이로 잘라서 씨를 털어낸 다음 옆으로 1cm넓이로 잘라서 가지런히 접시에 담아낸다.

7) 바나나

하나씩 떼어 씻은 다음 꽃 순이 떨어진 쪽은 약간 잘라내고 포크와 함께 작은 바구니나 접시에 놓는다. 왼손으로 꼭지를 잡고 오른손으로 포크를 쥐고 위부분의 껍질을 벗긴다. 껍질을 왼쪽으로 젖혀 놓고 오른손의 포크로 2cm길이로 눌러서 자른 후 입에 넣는다.

8) 귤

귤은 씻어서 보기 좋은 그릇에 담아 통으로 냅킨과 함께 나오면 꽃순 쪽에서부터 열십자로 껍질을 갈라 벗기어 한 쪽 식 떼어 속껍질을 벗기고 먹은 뒤에 껍질을 서로 포갠 후 냅킨에 얹어 놓는다.

9) 멜론

길이를 6등분하여 위아래를 약간 자른다. 속을 파내고 칼로 두꺼운 밑 껍질과 과육사이에 칼집을 넣은 후 과육을 3~4등분하여 껍질채 접시에 담되, 포크에 냅킨을 받쳐서 낸다.

10) 자몽

옆으로 2등분하여 껍질과 과육 사이에 나이프를 돌려가면서 넣고 접시에 담아 스푼을 곁들여 낸다. 먹는 사람은 스푼으로 떠서 먹는다.

11) 감

단감은 껍질을 벗기고 꼭지를 자른 다음 4~6쪽으로 잘라서 접시에 담고 포크를 곁들여서 낸다. 연시는 조심스럽게 씻거나 물행주로 닦아 꼭지를 따고 접시에 담아 냅킨과 함께 내도록 한다.

12) 파인애플

3cm정도의 두께로 둥글게 썰어 껍질을 잘 벗긴 후 속을 도려내고 네 쪽으로 갈라 한 쪽씩 접시에 담아낸다. 껍질이 있는 채로 길게 나눠 내놓을 경우에는 파인애플 왼쪽 끝을 포크로 누르고 칼을 껍질과 과육 사이에 넣어 오른 쪽 끝까지 잘라낸 후 왼쪽 끝부터 한입씩 잘라 포크로 찍어 먹는다.

13) 밤

삶은 밤은 길게 두 쪽으로 내어 접시에 담아내고 먹을 때는 밤을 들고 스푼으로 먹는다. 무릎 위에는 종이 냅킨을 펼쳐두는 것이 좋다.

4. 가정생활 예절

(1) 가정예절의 기본

가정은 조상으로부터 나에게로 이어졌고, 나로부터 자손에로 물려지는 영원한 것이다. 가정은 나라와 사회라는 방대한 조직을 이루는 가장 기초적인 단위이며 인간들이 원초적인 대인관계를 이루는 사회생활의 출발점이다.

그런 의미에서 지금까지 살펴본 기본예절과 개인예절을 바탕으로 이루어지는 가정예절은 기타 모든 예절의 모체가 된다.

1) 가족의 범위

가정예절은 가족 간의 예절이기 때문에 먼저 가족의 범위를 알아야 한다.

좁은 의미에서의 가족은 법률적으로 호적에 실려 있고 실제적으로 한 솥에 밥을 먹는 구성원을 말하고, 넓은 의미로는 한 핏줄이고 한 살붙이인 모든 친척을 의미하기도 한다.(표 5)

〈표 5〉 가족의 범위

구분	정 의	내 용
가족	혼인한 직계와 그에 딸린 혼인하지 않은 방계혈족	할아버지와 할머니, 큰아들인 아버지와 어머니, 자기와 혼인하지 않은 아버지의 동생과 누이, 자기의 형제자매
근친	고조이하의 조상을 직계로 하는 8촌 이내 모든 사람	한집에서 산다는 의미로 당내간(堂內間)이라고도 하고, 죽으면 상복을 입는다는 뜻에서 유복지친(有服之親) 이라고도 함
혈족	성이 같은 친족. 동성동본의 일가(一家).	남자조상이 같은 집안. 부, 자, 손 등 자기와 직결로 이어지는 직계(直系)와 형제자매, 백부, 질 등 가지로 이어지는 방계(傍系)로 구분. 직계존속여자, 즉 어머니, 할머니, 증조할머니와 직계비속남자의 아내, 즉, 며느리, 손부는 핏줄은 아니지만 핏줄과 같이 간주해 혈족으로 간주.
척족(戚族)	성이 다른 친족(親族)	외척(外戚) – 직계여자조상(할머니, 어머니)의 친정가족, 외가(外家)의 친족
		내척(內戚) – 직계존속남자의 자매(고모, 대고모)나 자기의 자매(누이) 또는 딸이나 손녀가 시집가서 그 배우자와 낳은 자손
		인척(姻戚) – 혼인으로 인해서 친족이 된 사람. 남자에게 있어서는 아내의 친정가족, 여자에게 있어는 남편의 직계가 아닌 친족

2) 촌수(寸數)와 호칭(呼稱)

촌수는 자기와 직계혈족간의 관계를 수(數)로 나타낸 것이다.

부부지간은 무촌(無寸)이고, 부자지간은 1촌이며 형제지간은 2촌으로 계산한다. 흔히 동고조(同高祖) 8촌이라 하는데, 증조부의 형제이하는 자기 대에 와서 삼종간(三從間) 즉, 8촌이 된다. 친가(親家)에서 사촌, 5촌은 종(從)이라 하고, 6촌, 7촌은 재종(再從), 8촌, 9촌은 삼종(三從)이라 한다. 처가(妻家)의 촌수는 아내와의 촌수로 따진다.(표 6~8, 그림 24~26)

〈표 6〉 자기로부터의 촌수와 가족관계

관계	父系호칭		母系호칭		촌수
	男/배우자	女/배우자	男/배우자	女/배우자	
조부모의 형제자매	종조부	종조모	외종조부	외종조모	3
부모의 형제자매	伯父, 仲父, 叔父/伯母, 叔母	姑母/姑母父, 姑叔主	외숙부/외숙모	이모/이모부	3
부모의 족하, 조카	內從, 姑從/내종부, 고종부	內從, 姑從/내종부, 고종부	이종/이종부	이종/이종부	4
종조부의 아들	종숙, 당숙/종숙모, 당숙모				5
종숙의 아들	재종(再從)형제				6

친족촌수 도표

- 직계촌수 -

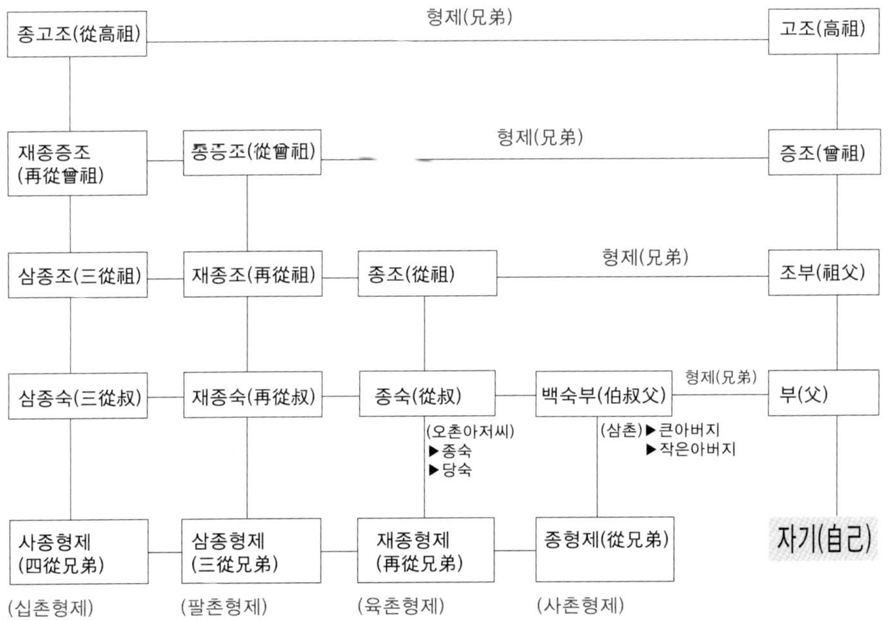

〈그림 24〉 계촌법 도표 (직계)

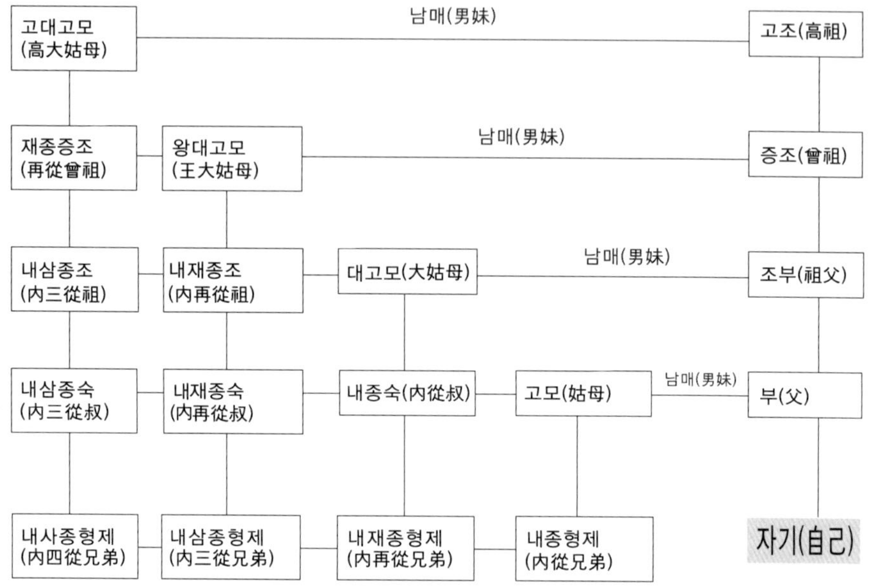

〈그림 25〉 계촌법 도표 (내종)

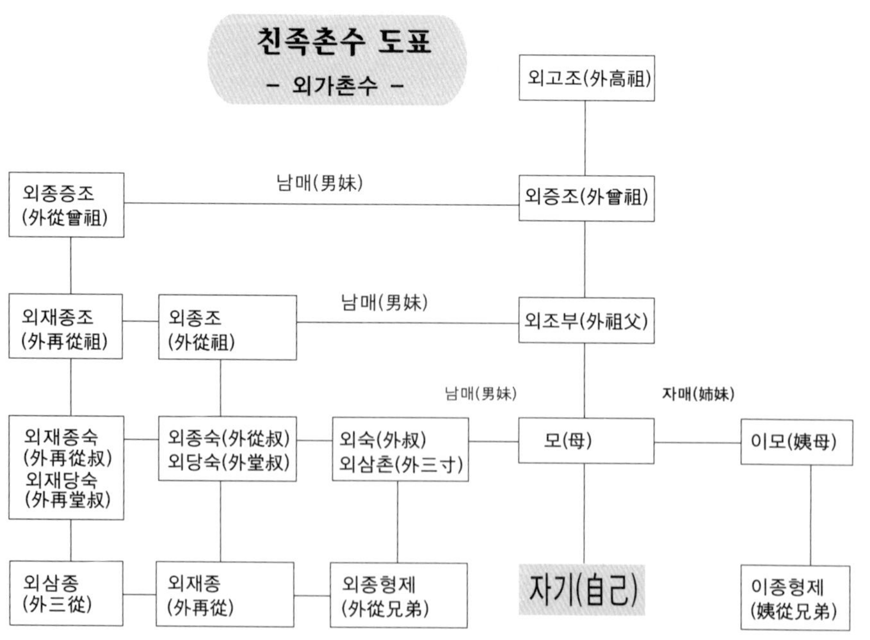

〈그림 26〉 계촌법 도표 (외종)

<표 7> 남자인 나를 기준으로 한 근친 간 호칭

호칭 대상	내가 대상을 부를 때	대상에게 나를 말할 때	내가 남에게 대상을 말할 때	남이 나에게 대상을 말할 때	대상이 나에게 자신을 말할 때
조부(祖父)	할아버지, 할아버님, 조부님	소손(小孫), 저~	조부, 조부장(祖父丈)	조부장, 왕부장(王父丈)	조부, 할애비, 나
조모(祖母)	할머니, 할머님, 조모님	소손(小孫), 저~	조모, 노조모(老祖母)	왕대부인	조모, 나, 할미
부(父)	아버지, 아버님	소자(小子), 불효자, 저~, 나~	가친(家親), 엄친(嚴親), 노친(老親)	춘부장(春府丈), 춘장(春丈)	부, 애비, 나~
모(母)	어머니, 어머님	소자(小子), 불효자, 저~, 나~	모친(母親), 자친(慈親)	자당(慈堂), 대부인(大夫人)	모, 애미, 나~
부모	부모님, 양위(兩位)분	고애자(孤哀子)	부모, 양친	양당(兩堂), 양위(兩位)	우리내외, 양인(兩人)
남편*(男便)	여보, 당신, 서방님	처(妻), 소처(小妻)	남편, 주인, 바깥양반	주인어른, 부군(夫君)	부(夫), 졸부(拙夫)
아내	여보, 당신, 마누라, 부인	졸부(拙夫), 부(夫)	안사람, 내자(內子)	부인, 영부인(令夫人)	처, 졸처(拙妻)
아들	애, 큰애, 작은애, 이름	애비, 에미, 나, 부모, 우리, 여(余)	자식, 가아(家兒)	자제, 영식(令息)	저, 나, 소자, 불효자
딸	애, 이름, 여아(女兒)	애비, 나, 여(余)	딸, 여아, 여식(女息)	따님, 영애(令愛)	저, 나, 여식
손자	이름, 손아(孫兒)	나, 할아버지, 조부	손아(孫兒), 손녀(孫女)	현손(賢孫), 영포(令抱), 영손(令孫)	소손(小孫), 불초손(不肖孫)
형	형님,중형(仲兄), 백형(伯兄)	저, 나, 동생, 아우, 사제(舍弟)	가형(家兄), 사백(舍伯)	백씨(伯氏), 중씨(仲氏)	나, 형, 사형(舍兄)
누나	누나, 누님, 언니	저, 나, 동생	매씨(妹氏), 자씨(姉氏)	영자씨, (令姉氏)	나, 누나
누이동생	동생, 누이 이름	나, 오빠, 오라비, 사형(舍兄)	내누, 누이동생	영매씨(令妹氏)	저, 나, 동생
동생	동생, 아우 이름	나, 형, 사형 (舍兄)	아우, 동생, 사제(舍弟)	제씨(弟氏)	저, 나, 아우, 동생, 사제(舍弟)
제수(弟嫂)	제수씨, 아주머니	나, 생(生)	제수(弟嫂), 계수(季嫂)	영제수씨(令弟嫂氏)	저, 제수
백숙부(伯叔父)	큰아버지, 큰아버님, 백부님	저, 나, 족하	사백부, 사중부, 사숙부	완장(玩丈)	나, 큰애비

* 여자 기준

〈표 8〉 친척관계 해설

관계	해 설
부자간(父子間)	아버지와 아들
부녀간(父女間)	아버지와 딸
모자간(母子間)	어머니와 아들
모녀간(母女間)	어머니와 딸
구부간(舅父間)	시아버지와 며느리
고부간(姑婦間)	시어머니와 며느리
옹서간(翁壻間)	장인, 장모와 사위
조손간(祖孫間)	조부모와 손자, 손녀
형제간(兄弟間)	남자동기 끼리
자매간(姉妹間)	여자동기 끼리
남매간(男妹間)	남자동기와 여자동기, 시누이와 올케, 처남과 매부
수숙간(嫂叔間)	남편의 형제와 형제의 아내
동서간(同壻間)	형제의 아내끼리
동서간(同棲間)	자매의 남편끼리
숙질간(叔姪間)	아버지의 형제자매와 형제자매의 자녀
종형제(從兄弟)	자매, 남매간: 4촌끼리
당 · 종숙질간	아버지의 종형제 자매와 그 자녀
재종형제	자매, 남매간: 6촌끼리
삼종형제	자매, 남매간: 8촌끼리
구생간(舅甥間)	외숙과 생질
내외종간	외숙의 자녀와 고모의 자녀
이숙질(姨叔姪)	이모와 이질
외종간(外從間)	외숙의 자녀
고숙질간(姑叔姪間)	고모와 친정 조카
고내종(姑內從)	고모의 자녀

〈표 8 계속〉 친척관계 해설

관계	해 설
이종(姨從)	이모의 자녀
처질(妻姪)	아내의 친정 조카
생질(甥姪)	남자가 자매의 자녀를 말할 때
이질(姨姪)	여자가 자매의 자녀를 말할 때
처이질(妻姨姪)	아내의 이질을 말할 때

(2) 어른 모시는 예절

1) 문안(問安)예절

① 저녁 잠자리를 펴드리고 아침에 안녕히 주무셨는지 살피며 절하고 뵙는, 조석문안(朝夕問安) 혼정신성(昏定晨省)을 실천한다.

② 어른께서 "절을 하지 말라!" 고 하시면 공손히 말씀으로 인사 여쭙고, 만일 "일부러 문안할 것 없다!" 고 하시면 아침에 뵙는 즉시 인사 여쭙고 저녁에 자기 전에 인사를 올린다.

2) 일상생활

① 집에 있을 때는 항상 가까이 곁에서 모시고 적적하지 않게 해드린다.

② 안색을 공손. 온화하게 하고, 몸놀림을 조심해 삼가며, 말은 조용하고 부드럽게 한다.

③ 어른께서 부르시면 대답과 동시에 달려가서 뵙고, 물러나라 하시기 전에는 물러나지 않는다.

④ 어른보다 편한 자세를 취하지 않으며, 어른보다 높은 곳에 있지 말고, 어른께 뒷모습을 보이지 않는다.

3) 보살핌

① 어른께서 편찮으시면 약이나 치료도 중요하지만 자손들이 걱정하며 정성을 다해 보살피는 것이 더 중요하다.

② 항상 어른의 생활상황을 살펴 조금이라도 이상이 있으면 어디가 편찮으신지 여쭙는다.

③ 약을 마련해 때맞추어 시중들어 잡수시게 하고, 병원에 모시거나 의사를 청해 서둘러 조치한다.

④ 편찮으신지 어른이 혼자 계시지 않도록 밤낮으로 옆에서 모시고, 정결 정숙하게 한다.

⑤ 편찮으신 어른께서 보고 싶어 하시는 사람이 있으면 연락해서 와 뵙도록 하며, 궁금하신 일이 없도록 자상하게 여쭙는다.

4) 의식주(衣食住)

① 어른의 의복은 항상 정결하고 단정하며 때에 맞추어 입으시게 해 드린다.

② 자손이 새 옷을 할 때는 반드시 어른의 옷을 먼저 해야 하고, 아랫사람의 옷이라도 어른의 말씀에 따르는 것이 좋다.

③ 가정의 모든 음식은 종류, 간맞춤, 차고 더운 것 까지 어른의 식성에 맞춘다.

④ 새로운 음식이 있으면 먼저 어른이 잡수시게 하고 아랫사람이 먹는다.

⑤ 계절적으로 새로운 곡식, 채소, 과일이 나오면 때를 놓치지 말고 어른께서 맛보시게 한다.

⑥ 어른을 모시고 음식을 먹을 때는 어른을 상좌에 모시고, 어른께서 수저를 드신 뒤에 아랫사람이 먹기 시작하며, 어른께서 다 잡수신 다음에 일어난다.

⑦ 어른의 방은 조용하면서도 자손들이 살피기 쉬워야 한다.

⑧ 어른의 거처는 채광, 환기, 냉방이 적절해야 하며 욕실과 화장실이 따로 있거나 가까워야 한다.

⑨ 어른의 방은 항상 청소하고 정돈해서 불편함이 없으시게 한다.

5) 출입예절

① 아랫사람이 나갈 때는 반드시 어른의 얼굴을 뵙고, 돌아와서는 다시 뵙고 밖에서 있던 일을 여쭙는다(出必告反必面).

② 학교에의 등하교, 직장에 출퇴근, 잠간의 이웃 나들이에는 일상생활이므로 공손히 공수하고 서서 경례해 뵈옵고, 밤을 지나서 돌아올 정도의 나들이에는 나갈 때와 돌아 올 때에 반드시 절하고 뵙는다.

③ 어른께서 출입하실 때는 반드시 일어나서 문밖에까지 나가 배웅하고 맞이한다.

④ 어른께서 교통이 복잡하고 먼 곳에 가셨을 때는 반드시 행선지에 연락해 확인한다.

⑤ 어른께서 행사참석 의례적 방문 등으로 나가실 때는 필요한 금품을 미리 챙겨 드린다.

⑥ 어른의 출입에는 여비, 교통편 등에 불편이 없으시도록 준비 확인한다.

⑦ 어른의 출입에 인도할 때는 오른쪽 앞에서 모시고, 수행할 때는 오른쪽 뒤에 따르며, 무거운 짐은 아랫사람이 든다.

⑧ 어른과 동행할 때는 너무 빨리 걸어도 안 되고, 너무 뒤에 처져도 안 된다. 어떤 경우라도 어른께서 허둥대시거나 기다리시는 일이 없도록 곁에서 모신다.

6) 살림살이와 용돈

① 가족들의 수입과 지출은 가장(家長)인 어른께서 관리 하시게 한다.

② 비록 아랫사람이 관리하더라도 통상 외의 지출은 어른께 여쭈어서

한다.

③ 어른이 쓰실 용돈은 부족함이 없도록 항상 준비 할 것이며, 비상금이 떨어지지 않게 주의한다.

④ 어른께 따로 수입이 있으시더라도 자손은 어른의 용돈을 드려야 한다. 어른께 용돈을 드릴 때는 아들이나 딸이 드리는 것보다 며느리나 사위가 드리는 것이 더욱 아름답고 어른을 기쁘게 할 것이다.

7) 노인의 편안한 마음가짐

어른이라 하여도 노인의 마음가짐은 특별히 다른 면이 있다.

표 9의 한자어는 노인의 예를 나타낸 것이다. 이를 이해하여 노인에 대한 공경예를 잘 갖추도록 한다.

〈표 9〉 노인의 예절

예 절	내용해설
言 道	노인은 말의 數를 줄이고, 소리를 낮추어야 한다.
行 道	노인은 行動을 느리게 하되 行實은 愼重해야 한다.
禁 道	노인은 貪慾을 禁하라. 慾心이 크면 사람이 작아진다.
食 道	노인은 먹는 것으로 산다. 가려서 잘 먹어야 한다.
法 道	삶에 規模를 갖추는 것이 豊饒로운 삶보다 眞實하다.
禮 道	노인도 젊은이에게 갖추어야 할 禮節이 있다. 待接만 받으려고 하지 말아야한다.
樂 道	삶을 즐기는 것은 慾望을 채우는 것에 있지 않다. 簡潔한 삶에 樂이 있다.
節 道	늙음이 아름다움을 잃는 것은 아니다. 節制하는 삶에 아름다움이 있다.
心 道	인생의 結實은 마음가짐에서 나타난다. 마음을 비우면 세상이 넓어 보인다.
忍 道	노인으로 살아감에도 忍耐가 필요하다. 참지 못하면 妄靈이 된다.
學 道	노인은 經驗이 豊富하고 터득한 것이 많다. 그러나 배울 것은 더 많다.
棄 道	손에 잡고 있던 것들을 언제 놓아야 하는지 이것이 노인의 마지막 道이다.

(3) 부부간 예절(夫婦間 禮節)

부부는 가족의 핵(核)이며, 대자연의 섭리에 의한 창조의근원이다. 부부는 남으로 태어나고 자랐지만 마침내 한 몸이며 함께 자녀를 낳고 부모가 되고 한 가정을 관리하는 가장이며 주부이다. 그러므로 부부는 신성하고 존엄하며 신비스럽고 위대한 것이다. 그 부부가 신성함을 영속시키고 존엄함을 맥맥히 하며 신비스러움을 번창케 하고 우대함을 더욱 윤택케 하려면 서로가 지녀야 할 도덕과 지켜야 할 윤리와실천해야 할 예절이 투철해야한다. 따라서 부부예절은 모든 예절의 근원이며 표본이고, 모든 예절의 과정이며 결과가 되는 것이다.

1) 기본예절

① 남존여비(男尊女卑)의 차별이 있지 않고 동위 격으로 평등하다.

② 정서적인 면과 신체적인 상태가 달라 그에 상응한 직분의 구별을 지켜야 한다.

③ 자기의 배우자에게 주인을 섬기는 충성을 다해야 한다. 몸과 마음을 있는 그대로 모두 바치는 것이 충성이다.

④ 몸과 마음을 항상 함께해야 한다. 따라서 생활방식, 행복 추구 등이 서로 엇갈려서는 안 된다.

⑤ 서로 처지를 바꾸어 이해하고 화합하며 협력해야 한다. 부부간에 이해, 화합, 협력이 없으면 가정의 파탄이 따르기 때문이다.

⑥ 항상 배우자에게 없어서는 안 되는 꼭 필요한 존재가 되어야 한다. 그렇게 하기 위해서 서로가 자기희생적인 정성을 다한다.

⑦ 함께 한 가정의 계승자이며 관리자라는 인식으로 조상에게 이어받은

가정을 훌륭하게 관리해 자손에게 물려주겠다는 책무에 충실해야 한다.

⑧ 조상과 웃어른을 받들어 모시고, 자손을 사랑하며 모범을 보여 바르게 양육하는 데에 서로 미루지 않고 솔선해야 한다.

⑨ 서로 존중하고 공경하며 사랑하고 아껴야 한다.

⑩ 서로 존댓말을 쓴다.

⑪ 서로 맞절을 한다.

⑫ 호칭은 서로 거처칭(居處稱)으로 말한다.

2) 훌륭한 남편(男便)의 예절

① 아내와 자녀에 대해 사랑하는 마음과 온화한 표정을 가지며, 너그럽고 부드러운 말씨로 자상하게 대화한다.

② 아내를 이해하고 존중하며 어려움이 없도록 배려하고, 아내의 친정 가족과 친숙하며 처가의 일에 관심을 갖고 협조한다.

③ 친족과 이웃에 자상하게 배려해 아내가 칭찬받게 하며, 아내가 할 일에 대해서는 간섭 하지 않는다.

④ 아내의 전공분야를 이해하고 격려하며 더욱 발전하도록 협력한다.

⑤ 아내에게 걱정이 될 일을 하지 않으며 남편의 일로 근심할 일이 없게 한다.

⑥ 모든 일에 아내가 행복감을 가질 수 있도록 배려하고 실천한다.

⑦ 아내에게는 존댓말을 쓰고 아이들이 어머니를 존경하도록 실천해 보인다.

3) 훌륭한 아내의 예절

① 남편과 자녀에 대해 사랑하는 마음과 자상하고 밝은 표정을 갖는다.

② 시댁의 조상과 시부모를 효성으로 섬기며, 남편을 존중하고 신뢰 한다.
③ 항상 건전한 아름다움으로 자기를 가꾸며 가족의 건강과 정결에 힘쓴다.
④ 남편이 바깥일에 간섭하지 않으며 안살림을 완벽히 해 남편이 걱정하지 않게 한다.
⑤ 시댁의 형제자매와 일가친척에 성심을 다해 남편이 칭찬받게 한다.
⑥ 자녀교육에 사랑을 다하며 온 가족을 편안히 해 주부의 역할에 만전을 기한다.
⑦ 남편이 집에 없더라도 항상 남편이 집에 있듯이 마음으로 존경하고 세심한 주의를 기울인다.

4) 맞벌이 부부간의 예절

① 배우자의 직장 일에 간섭하지 않으며 알고 싶어 하지 않는다.
② 배우자가 묻지도 않아도 직장에서의 직무외의 일을 자상하게 이야기 한다.
③ 통상직무 외의 일로 회식 모임 등에 참석할 때는 미리 배우자의 양해를 구한다.
④ 복장, 몸차림, 액세서리 등은 배우자의 의견을 물어 착용한다.
⑤ 직장의 異性을 배우자 앞에서 칭찬하거나 관심을 갖지 않는다.
⑥ 자기의 수입이라도 독단으로 처리하지 말고 배우자와 상의해 공동 관리한다.
⑦ 직장 때문에 가정에 불성실하거나 배우자가 걱정할 일이 없도록 한다.

5) 부부십계명

〈표 10〉 부부십계명

부부십계명	실천의 예
자주 칭찬을 하자.	부부사랑은 배우자의 칭찬을 먹고 자란다. "당신 생각이 옳아요.", "옷차림이 잘 어울려요." 등의 칭찬을 자주 하자.
날마다 한 끼 이상 함께 식사하자.	함께 식사하는 밥상머리에 앉아 대화하면 소화제가 필요 없다.
일주일에 한번 이상 사랑의 편지를 쓰자.	"사랑하는 당신에게" 로부터 시작해서 "당신을 사랑하는 ○○○로부터" 로 끝나는 편지를 자주 쓰자.
매달 한번 이상 같이 외출하자.	부부동반 외출은 활력을 북돋운다. 한 달에 한 번쯤은 즐겨 가던 곳이나 맛있게 먹었던 음식점을 찾아가자.
계절마다 한 번 이상 여행을 떠나자.	변화는 새 삶이고 발전이다. 계절마다 변화 있는 색깔에 마음을 물들이는 여행을 떠나자.
기념일을 기억하자.	배우자의 생일에는 배우자의 부모님을 초대하여 감사드리고, 결혼기념일에는 단 둘이 오붓한 추억을 만들자.
배우자를 애인처럼 여기자.	배우자는 평생 애인이고 애정은 나눌수록 커진다. 신바람 나고 생기 넘치는 사랑을 만들자.
휴식에 인색하지 말자.	댓가를 받는 일은 피곤한 노동이고, 자의로 하는 일은 즐거운 휴식이다. 둘이 마음을 모아서 여가선용에 투자해 보자.
행복을 창조하자.	부부의 행복은 우연히 오는 것이 아니다. 서로 손을 잡고 동심으로 돌아가서 행복 만들기 소꿉장난을 시작하자.
고생도 즐기자.	계획은 환상적인 꿈이지만 실행에는 고행이 따른다. 고생도 즐길 줄 알아야 한다.

6) 부부사랑의 지혜(智慧)

① 남편이 지켜야 할일

- 아내가 TV를 볼 때 다른 프로그램 보겠다고 고집하지 않는다.
- 아내 앞에서 다른 여자를 칭찬하지 않는다.
- 아내가 해주는 밥을 남기지 않고 맛있게 먹는다.
- 자기 전에 양치질과 샤워를 잊지 않는다.
- 휴일에는 아내와 함께 외출한다.
- 아내가 걸레를 빨면 창문을 열고, 설거지를 하면 청소기를 돌린다.
- 쇼핑은 가능한 같이 한다.
- 퇴근 전 아내에게 전화하는 습관을 갖는다.
- 아내가 오래 통화함을 나무라지 않는다.
- 적극적으로 육아에 동참한다.

② 아내가 지켜야 할 일

- 남편이 기쁘게 해주면 잊지 말고 보상한다.
- 작은 일에도 많이 칭찬한다.
- 남편을 잘 안아준다.
- 남편이 젓가락이 잘 가지 않는 음식은 과감히 버린다.
- 사회적인 남편의 여자에 대해 과민하지 않는다. 세상의 반은 여자다.
- 남편이 심한 폭력을 사용하면 헤어진다고 말한다.
- "남자 구실을 못한다!" 는 식의 욕은 삼가한다.
- 부부간에 옷차림 등의 예의를 갖춘다.
- 남편을 친구 남편과 비교하지 않는다.
- "당신은 '남편' 이 아니라 '내편' 이야!" 로 세뇌시킨다.

(4) 기타 가족 예절

1) 아랫사람에 대한 예절

일반적으로 웃어른에게만 예절을 지키고 아랫사람에게는 아무렇게나하는 것으로 아는데 큰 잘못이다. 예절이란 원만한 대인관계를 위한 것이므로 아랫사람에게도 깍듯이 지켜야 한다. 특히 아랫사람은 웃어른의 생활방식을 본받는 것이므로 더욱 중요한 것이다.

① 아랫사람을 대할 때는 사랑하는 마음으로 자상하고 인자하게 한다.
② 아랫사람과의 대화나 생활은 철저하게 예절에 맞게 한다.
③ 아랫사람이 보는데서 옷매무새나 자세를 흐트러지게 하지 않는다.
④ 어른을 모시는 일에는 반드시 아랫사람과 함께해서 듣고 보아 배우게 한다.
⑤ 집안의 의식행사에는 반드시 아랫사람을 참여시키고 의견도 참작한다.
⑥ 손님이 오실 때나 남의 집에 손님으로 가서는 아이들에게 인사시키는 것을 습관화 한다.
⑦ 아랫사람이 예절에 맞게 하려는 일을 인심 쓰듯이 제지해서는 안된다. 채근해서 예절을 지키도록 한다.
⑧ 자녀가 열심히 공부하는 시간에는 부모도 조용히 책을 읽는 모범을 보여 부모도 고통분담해서 공부하는 분위를 고조 시킨다(그저 '공부하라' 하는 똑같은 말만의 반복은 공염불에 불과하다).

2) 자녀의 도리(子女道理)

효는 모든 윤리 도덕의 근본으로서 부모님의 은혜에 대한 보은정신(報恩精神)의 발로이다. 이는 절대적이고 순수한 애정에서 자연적으로 우러나오는 천륜(天倫)으로서 자녀가 지켜야 할 가장 기본적 도리며 인류가 공유해야 할 최고의 덕목(德目)이며 가치이다.(표 11) 효를 사람의 최고 덕목으로 여기는 것은 부모가 자식을 기르는 데에 정성을 다 하지만 자식이 부모를 봉양함에는 그렇지 못한 점이 많으므로 인간에게 가르침의 덕목으로 하여 인륜을 저버리지 않게 하기 위함이라 할 것이다.

〈표 11〉 자녀의 도리

자녀의 도리	내 용
신체보존 (身體保存)	효의 시작으로서 부모에게서 받은 신체를 훼손시키지 않는 것이다. 자기의 몸을 보호하고 건강을 유지 하는 것이 제일 중요한 의무라 할 수 있다.
봉양(奉養)	부모님의 의식주에 불편이 없도록 편안하게 해드리는 육체적이고 물질적인 효를 말한다.
양지(養志)	부모님을 공경하고 순종하는 정신적인 효로서 부모님의 덕행(德行)을 실천하고 그 뜻을 이어나가는 것을 말한다.
입신행도 (立身行道)	자녀가 성공하거나 선행을 하여 여러 사람의 칭송을 들으면 부모님께서 기뻐하니 효가 되고, 반대로 사회의 낙오자가 되고 사회에서 지탄을 받으면 불효가 되는 것이다.
간언(諫言)	부모님이 비합리적일 때 충고의 말씀을 올리는 것을 말 한다. 부모님이 허물이 있거나 부모님의 명(命)이 옳지 않을 때에는 부모님이 난처해하거나 마음이 상하지 않도록 부드러운 표정으로 조용히 말씀드린다.
부모사후 (父母死後)	부모님이 생존 하실 때 지녔던 지극한 효심을 사후에 장사(葬事)와 제사(祭祀)의 '예' 를 통해 계속 이어 나간다.

3) 형제간 예절(兄弟間 禮節)

① 형은 동생을 사랑으로 이끌고 동생은 형을 공경으로 따름으로써 형제자매간의 우애를 돈독히 한다.

② 부모님을 모심에 있어 형제자매는 늘 같이 협력하고 서로 모범이 될 수 있도록 솔선수범 한다. 화목하게 공동의 의무와 권리를 나눈다.

③ 서로 아픔과 어려움을 덜어주고 기쁨을 함께 나눈다.

④ 선의의 경쟁으로 서로 성장할 수 있도록 북돋우며 서로의 능력을 시샘하거나 다투지 말고 나보다 나은 점은 본받도록 한다.

⑤ 집안의 가훈(家訓), 가풍(家風), 생활철학 등을 익히고 본받아 함께 실천하며, 내 자신의 이득 보다는 집안의 영속(永續)과 번성(繁盛)에 힘쓴다.

⑥ 혼인 후에도 부모를 중심으로 생신이나 기타 가족 행사가 있을 때 함께 모여 계속적인 연대감과 공동 관심사를 형성한다.

4) 가훈

가훈은 한집안의 가장이 자녀에게 주는 교훈으로서, 가족이 지켜야할 도덕적 덕목을 간단하게 표현한 것이다. 대체로 수신제가하는 방법을 가르쳐주는 것인데 한 집안의 정신적 행동지침이 되어 가문의 질서를 통일시키는 역할을 하는 것으로 어느 가정이나 필요하다고 생각되어 가능하면 한 가지씩 정하는 것도 자녀의 교육상 좋다.

① 창의적 가훈사례

숭조(崇祖): 정성스러운 묘소 수호와 제사 가풍을 조성한다.

봉친(奉親): 정성으로 부모님을 모시며 생활에 최선을 다한다.

우애(友愛): 형제를 우선 배려하며 우의를 돈독히 한다.
육영(育英): 인성, 특화 및 강인(强靭)한 의지력을 강조하여 교육한다.

② 고사성어를 활용한 가훈사례

- 삼사일언(三思一言)
- 가화만사성(家和萬事成)
- 경천애인(敬天愛人)
- 진인사대천명(盡人事待天命)
- 일체유심조(一切唯心造)
- 평상심시도(平常心是道)
- 초지일관(初志一貫)

③ 상용 가훈사례

- 頭智心愛手恒事(머리에는 지혜를, 가슴에는 사랑을, 손에는 항상 일을)
- 세상을 맑게 살며, 마음은 넓게 갖고, 희망은 크게 품자.
- 공부할 때 고통은 잠깐이지만, 알지 못한 고통은 한평생이다.

5) 시어머니의 도리

① 인생의 선배로서 아들 며느리의 결혼생활이 확실하게 기반이 잡히도록 돕는다.
② 며느리에게 지나친 희생을 강요하지 말고 진실한 애정으로 내 친딸같이 아껴 진정한 부모와 자식 간으로 발전한다.
③ 아들은 나만의 아들이 아니고 며느리의 남편으로서 손자손녀의 아버

지로서 역할이 필요하므로 지나친 간섭은 자제한다.

④ 새 며느리는 자라온 환경이 다르기에 나름대로의 가치관을 인정하면서 발전력을 키운다.

⑤ 며느리가 새로운 가풍과 가족관계를 파악하고 융합되도록 돕는다.

⑥ 며느리에게 칭찬과 격려를 아끼지 말고 항상 호감을 가지며, 생일이나 기념일, 임신 등 일이 생기면 먼저 기뻐한다.

⑦ 어려운 일을 같이 걱정하고 불편을 덜어준다.

⑧ 며느리를 차별하지 않고, 험담하지 않는다.

⑨ 집안의 화목은 며느리와 시어머니 화합에 좌우되어 가화만사성(家和萬事成)의 근원임을 명심한다.

6) 며느리의 도리

① 시가(媤家)에 대한 며느리로서의 적응이 불가피하다. 시댁의 가풍을 부지런히 배우고 익히는 것이 혼인 후 적응에 도움이 될 것이다.

② 시어머니께서 아들의 혼인으로 인한 상실감과 심리적 소외감을 느끼지 않도록 유의한다.

③ 자기가 자라온 친정의 가풍과 다름을 인정하고 비교하거나 서운해하지 않는다.

④ 시어머니의 가정관리 권한과 경험을 존중하여 가정행사를 치룰 경우에는 반드시 시어머니와 상의하여 행사의 절차나 규모, 운영방법 등을 정한다.

⑤ 자기주장이 강하면 결과적으로 큰 틈이 생길 수 있으므로 매사를 배우는 자세로 집안일에 임한다.

⑥ 시어머니의 뜻을 존중하고 감정이 상하지 않도록 나의 의견을 솔직하게 말씀드린다.

⑦ 자주 대화를 가져 공감대를 형성하고 가사 관리, 자녀양육, 재산관리 등에 상의를 드리고 조언을 구한다.

⑧ 선물이나 용돈을 드려 사회적 교류에 도움이 되도록 한다.

⑨ 동거할 경우 시어머니에게 과히 힘들지 않는 일을 드려 가족구성원으로서의 참여의식과 책임감을 느낄 수 있게 한다.

⑩ 분가하였을 경우 자주 전화를 드리거나 찾아뵈어 안부를 여쭙고 궁금해 하시지 않도록 소식을 전한다.

(4) 주객(主客)예절

1) 영접(迎接)예절

① 친절히 맞아 안으로 모시고 공손히 인사한다.

② 기다릴 경우 신문이나 잡지를 드린다.

③ 우산, 모자, 외투 등은 받아 잘 보관 했다가 가실 때 드린다.

④ 외출중인 가족을 찾아 왔을 때는 손님의 이름, 용건, 연락처를 확인한다.

⑤ 묻는 말에 친절히 대답하고 어른과 이야기 할 때 끼어들지 않는다.

⑥ 차나 과일을 대접 한다.

⑦ 신은 신기 편리하게 놓아둔다.

⑧ 손님이 돌아가실 때에는 나가서 인사드리고 잠시 후에 문을 살짝 닫는다.

⑨ 노인, 어린이는 차타는 곳이나 편한 길까지 배웅한다.

⑩ 앉은절을 할 경우에는 평절로 한다.

2) 방문(訪問)예절

① 날짜와 시간을 미리 정한다.

② 약속은 꼭 지켜야 한다. 못갈 경우에는 미리 알려준다.

③ 신 정리를 잘하고 들어간다.

④ 말과 몸가짐을 바로 한다.

⑤ 음식이나 차를 대접받았을 때는 맛있게 먹는다.

3) 선물(膳物) 예절

① 알뜰하고 정성스러운 마음이 들어 있어야 한다.

② 받는 사람에게 필요한 것으로 한다.

③ 크고 값비싼 물건이라고 언제나 좋지는 않다.

④ 받을 때는 고맙다는 인사말과 함께 고마운 마음으로 받는다.

⑤ 친구에게 받았을 때는 그 자리에서 뜯어보고 기쁨을 같이 나눈다

⑥ 웃어른께 받았을 때는 나중에 뜯어본다.

제 4 장

공동생활 예절

1. 사회예절(社會禮節)

(1) 개인

1) 표정관리

사람의 표정은 우선 그 사람의 인격을 판단할 수 있는 간판이라고 할 수도 있다. 조금 경직된 모습은 친화력이 없는 것 같고 또 너무 부드러워도 우유부단한 선입견이 들기도 한다.

글로벌 시대에서 얼굴은 내 것이 아니다. 상대에게 먼저 미소를 주는 첫 인상이 좋아야 한다. 사람의 얼굴 이미지는 순간에 좌우한다. 매력적인 미소는 사람을 따르게 하고, 보는 사람을 행복하게 한다. 그 행복은 몇 배로 불어 내게로 돌아와 나의 운명을 바꾸어 놓는다. 거울을 보면서 즐거운 마음으로 자기의 표정 관리하는 것도 좋은 방법이다.

2) 명랑한 인사 매너

친절한 인사는 그 사람의 대인관계 영역을 더 넓혀나갈 수 있는 절호의 기회다. 인사를 하면서 다른 곳을 보는 일, 마지못해 하는 무성의한 인사는 상대방에게 불쾌감을 줄 수 있다.

상황에 따라 따뜻하고 다정한 표정, 반가운 정감을 가지고 손을 잡아 주어야 할 것이다. 인사는 언제나 내가 먼저 상대방의 눈을 보며, 밝은 표정으로, 맑은 목소리로 정성을 담아야 한다.

3) 악수(握手)

① 악수는 오른손을 서로잡고 가볍게 아래위로 흔들어 깊은 정을 표시한다.

② 윗사람이 먼저 청하고 아랫사람이 응한다.

③ 같은 또래의 이성간에는 여자가 먼저 청하여야 남자가 응한다.

④ 아랫사람이 윗사람과 악수 할 때는 윗몸을 약간 굽혀 경의를 표할 수 있다.

⑤ 윗사람은 왼손으로 아랫사람의 악수한 오른손을 덮어 쥐거나 토닥거리기도 한다.

4) 대화(對話)

① 장소의 환경과 상대의 성격, 수준 등을 참작해 화제를 고른다.

② 사투리보다는 표준말을, 외래나 전문용어보다는 우리말을, 거친 말보다는 고운 말을 쓴다.

③ 온화한 표정, 알아듣기 좋은 성량으로 말한다.

④ 대화중에 자리를 뜰 때에는 양해를 구하고, 마친 뒤에는 감사표시를 한다.

⑤ 상대방의 말을 끝까지 들어준다.

⑥ 말할 때 끼어들지 않는다.

⑦ 부드러운 표정으로 고운 말만 쓴다(표준어사용).

⑧ 말은 항상 또박또박하게 간결하게 하여야 한다.

⑨ 말의 1, 2, 3원칙, 즉 한 번 말하고, 두 번 들어주고, 세 번 맞장구(끄덕임)치도록 애쓴다.

5) 호칭(呼稱)

일상생활을 하면서 서로 모르는 사람을 부를 때 같은 말이라도 상대방이 듣기 좋은 예쁜 말을 쓰는 것이 좋다. 무작정 "이봐!", "아저씨!", "아줌마!", "할머니!" 하는 것 보다는 교양이 높은 말로 불러 상대를 기분 좋게 한다. 상대에 호감을 주는 호칭을 예시하면 다음과 같다.

① 할아버지, 할머니께는 상황에 따라 '어르신', '회장님(친목회 포함)', '사장(舍長)님' 등
② 중년기 후반 정도는 '사장님', '사모님', '선생님' 등
③ 젊은이에게는 "나 좀 봐요!", '선생', "이봐요!", '젊은 분' 등 상대가 듣기 싫지 않도록 묘미가 있게 불러주는 예의가 필요하다.

6) 모임

① 시작 전에 도착하여 지정된 좌석에 앉으며 초대되지 않은 사람은 임의로 동행하지 않는다.
② 집회목적 외의 언동이나 다른 참석자에게 방해가 되는 언동을 삼가한다.
③ 주최자나 발언시간 등을 독점하거나 분위기를 어지럽히는 일이 없도록 사회자의 통제에 순응한다.
④ 혹시 늦게 도착하더라도 이미 진행 중인 집회분위기가 산만해지지 않도록 조용히 말석에 참석했다가 기회를 보아 자기의 지정된 좌석에 앉는다.
⑤ 부득이한 일로 미리 자리를 떠야 할 때는 관계자에게만 조용히 말하고, 다른 참석자가 동요되지 않도록 물러난다.

7) 인사소개와 명함(名銜)교환

① 연소자를 연장자에게 소개하며 어린사람이 먼저 인사한다.

② 여성에게 남성을 소개하며 남성이 먼저 인사한다.

③ 직책이 낮은 사람을 높은 사람에게 소개하며 낮은 사람이 먼저 인사한다.

④ 동년배일 경우 친한 사람을 친하지 못한 사람에게 소개한다.

⑤ 저명인사에게는 나이에 관계없이 먼저 인사한다.

⑥ 소개는 요점만 간결하게 한다.

⑦ 자기 명함인지 꼭 확인하고 준다.

⑧ 두 손으로 공손히 주고받는다.

⑨ 명함을 가슴 높이로 들고 일어서서 주고받는다.

⑩ 자기가 하는 일을 말하지 말고 이름만 한번 읽어준다(예, ○○○입니다)

⑪ 여러 사람에게 줄 때는 서열별로 준다.

⑫ 상대방이 보기 편리하도록 거꾸로 준다.

⑬ 명함을 받은 후 상대방의 이름과 직분을 꼭 확인 후 남자는 상의 주머니에 넣고 여자는 핸드백에 정중히 넣는다.

(2) 공동생활

하루도 혼자 살수 없는 것이 우리사회의 현실이다. 각자의 사생활은 없을 정도이다. 이런 일상생활 속에서는 대인관계가 중요하기 때문에 상대방을 배려하는 공동 생활예절은 특히 중요하다.

1) 음주(飮酒)

① 미성년자는 술을 마시지 않는다.

② 어른 앞에서는 돌아 앉아 마신다.

③ 어른에게 술을 올릴 때는 잡수시겠는가 여쭈어 본 다음 무릎을 꿇고 앉아 두 손으로 술을 따라서 두 손으로 잔을 받들어 올린다.

④ 어른께서 주시는 술잔은 무릎 꿇고 두 손으로 받아서 마신다.

⑤ 술은 취하도록 마시지 않는다. 따라서 강제로 권하지 않는다.

⑥ 폭음하지 말고 분위기에 맞추어 천천히 마신다.

⑦ 자기에게 술을 준 사람에게 사양하지 않으면 반드시 술을 준다.

⑧ 술은 윗사람부터 순서대로 따른다.

⑨ 술은 두 손으로 따르는 것이 예의다.

⑩ 술은 오른손으로 따르되, 오른팔의 자락을 받친다.

⑪ 상대방이 술을 권하면 가급적이면 받아 마신다.

⑫ 술은 무리하게 권하지 않는다.

⑬ 처음부터의 사양은 실례이므로 "잘 마시지 못합니다." 하고 말하며 약간만 따라 받는다. 이때 여러 번 권하면 "잘 마시지 못 합니다." 하고 거절해도 실례가 되지 않는다.

2) 식당(食堂)

① 식당에서는 정숙하게 서둘지 말고 차례를 지켜 남에게 방해되지 않게 한다.

② 종업원을 조용히 불러서 음식을 청한다. 큰 소리로 "야!", "이리와 봐!", "언니, 이리와!" 하지 않는다.

③ 남에게서 접대 받을 때에는 비싼 음식과 복잡한 것을 피한다.

④ 음식 값을 각기 부담할 때, 가급적이면 색다른 음식보다는 같은 종류를 먹는다.

⑤ 음식찌꺼기와 휴지를 함부로 버리지 말고, 큰소리로 소란 피우지 않는다.

⑥ 음식 먹는 소리나 그릇소리가 나지 않도록 한다. 빈 그릇도 처음처럼 정돈해 준다.

⑦ 음식은 가급적 남기지 않고 먹어야 하며 추가로 더 주문할 때에는 부드러운 말로 친절하게 청한다.

3) 자동판매기(自動販賣機)

① 차례를 조용히 기다린다.

② 여러 번 물건을 빼낼 때는 뒷사람에게 양해를 구한다.

③ 돈을 넣기 선에 무엇을 살 것인기를 결정해 신속하게 자동한다.

④ 기계를 난폭하게 다루지 말고 미리 순서를 알아서 작동한다.

⑤ 자기물건을 빼고 물러설 때는 뒷사람에게 미안하다고 인사한다. 뒷사람은 고맙다고 인사한다.

4) 아파트 주거

① 이웃과 잘 알고 지낸다. 특별한 음식이 있으면 나누어 먹는다.

② TV, 전축, 악기 등 큰소리로 불편을 주지 않는다. 특히 소란스런 일이 있을 때는 미리 아래, 위집과 관리실에 양해를 구한다.

③ 복도나 현관등 공동장소는 정결하게 하며, 자기물건으로 독점하지 않는다.

④ 경조사는 모른 체 하지 말고 서로 오고 가며 인사한다.

⑤ 서로 집을 비울 때 서로 도움을 부탁한다.

⑥ 자기 집에서 큰 행사를 할 때 주의하며, 이웃집 사정을 잘 견디며 양해한다.

5) 승강기(昇降機)예절

① 차례를 지켜 이용하고 어른, 또는 거동이 불편한 사람에게는 순서를 양보한다.

② 바쁘다고 함부로 조작하지 말고 순리대로 조작한다.

③ 복잡한 짐을 가졌을 때는 불편을 겪는 다른 사람에게 미안하다는 인사를 한다.

④ 자기가 타거나 내리기 위해 승강기를 오래 멈추게 하지 않는다.

⑤ 승강기 안에서 크게 떠들거나 노래를 하는 등의 소란을 피우지 않는다.

⑥ 타고 내릴 때는 서로 친절한 인사를 나눈다.

6) 노약자(老弱者)

① 공동장소에서 노인이나 어린이 또는 임산부나 병약자. 장애인을 만나면 차례를 양보한다.

② 남이 양보하면 반드시 고맙다는 인사를 한다.

③ 대중교통수단의 좌석이 지정되지 않는 경우 자기가 앉기 전에 주변을 살펴 노약자 등을 앉게 한다.

④ 자리에 앉았을 때도 주변을 살펴 양보한다.

⑤ 자기가 노약자 일지라도 남에게 양보하기를 요구하지 않는다.

⑥ 건강한 젊은이가 모른 체하면 주위에 다른 젊은이에게 정중히 양해를 구해 노약자를 편하게 한다.

7) 공중목욕탕(公衆沐浴湯)

① 시설물을 조작 방법에 맞도록 이용한다.

② 물을 아껴 쓰고 목욕 외 세탁 등을 하지 않는다.

③ 큰 소리로 떠들거나 노래를 부르는 일이 없이 조용히 한다.

④ 물, 비누거품 등이 남에게 튀지 않도록 주의한다.

⑤ 탕 속에 들어가기 전에 먼저 깨끗이 씻고 들어가야 한다.

⑥ 싸우나 찜질방에서 땀을 흘렸을 경우 반드시 땀을 씻고 냉탕에 들어가야 한다.

8) 도서관과 독서실

① 들어갈 때 순서대로 차례를 지킨다.

② 남의공부에 방해되지 않도록 절대 조용히 한다.

③ 모든 도서는 파손되지 않게 주의한다.

④ 모든 제도가 자기들 위해 정해진 것이므로 엄격하게 지켜야 한다.

9) 운동경기 관람

① 먼저 경기규칙을 익힌다.

② 선수를 야유하거나 폭언. 폭행 등을 하지 않는다.

③ 냉정하게 제 3자 위치에서 관전한다.

④ 상대편을 희롱하지 않는다.

⑤ 경기장에 뛰어들거나 무엇이든지 투척하지 않는다.

⑥ 운동경기장의 모든 규칙을 엄격히 지킨다.

10) 공원, 유원지 및 놀이터

① 모든 시설물을 목적에 맞게 질서정연하게 활용한다.

② 순서대로 차례를 반드시 지킨다.

③ 전시 관람 물에 손을 대거나 훼손하지 않도록 한다.

④ 나무, 꽃 등을 꺾거나 열매를 따지 않는다.

⑤ 떠들고 노래 부르고 악기 등을 두들겨 소란을 피우지 않는다.

⑥ 휴지 쓰레기, 오물 등을 지정된 곳에 버린다.

⑦ 자기들 놀이에 억지로 남을 끌어들이거나 강제로 권하지 않고 또한 남의 놀이에 끼어들거나 부당한 참견을 하지 않는다.

⑧ 먹고 마시는 것도 지정된 곳에서만 하고 특히 취사나 용변 등은 지정된 곳이 아니면 절대로 하지 않는다.

⑨ 남을 희롱하거나 야유하고 시비하는 일을 하지 않는다.

11) 등산, 낚시, 수석 및 수렵

① 취미생활은 각자의 기호에 적절히 하며 절대로 남에게 강요하지 않는다.

② 자연을 훼손시키는 일이 있어서는 안 된다.

③ 모든 제도와 제한(주의 사항)을 엄격히 지켜야 한다.

④ 남의 취미를 방해하지 않으며, 자기 취미만 돋보이려고 강조하지 않는다.

⑤ 큰 소리나 소란스러운 행동으로 주변 사람에 방해를 주어서는 안 된다.

(3) 공공질서

1) 운전

운전은 인격이다. 안전운전은 한 가정의 안전과 번영, 그리고 행복을 기약한다. 불의의 사고와 순간의 파탄은 대부분 교통질서를 지키지 않음으로써 발생하는 인재(人災)이다.

① 지정속도 준수

– 모든 사고의 원인은 과속이다. 속도에 따라 사고의 규모가 결정된다.

② 차선 절대준수

– 예고도 없이 남의 차선을 넘나들거나, 지루하게 기다리는 밀린 차선에 염치없이 끼어들지 않는다. 횡단보도 앞에 있는 정지선을 무시하고 건널목에 무례하게 서지 않는다.

③ 신호 준수

– 황색신호에 무리하게 질주하거나 신호를 무시하고 건널목을 함부로 무시하면 큰 불행을 자초한다.

④ 주정차 위반

– 잠깐정도는 어떠냐는 가볍게 생각하고 복잡한 도로변에 주차는 교통체증과 사고의 원인행위 제공자가 될 수 있다

⑤ 안전운전 준수

– 앞지르기, 앞차와의 안전거리, 안전띠, 졸음운전 등에 관련한 교통안전 준수는 운전자의 기본 덕목이다.

2) 대중교통

① 버스

– 타기 전에 줄을 서서 차례대로 타고 노약자에게 자리를 양보한다. 운전기사와 손님과의 부드러운 언사와 인사가 있는 것이 좋다.

② 지하철

– 표를 살 때나 승차할 때 차례를 지킨다. 노약자에게 자리를 양보해야 한다. 양다리를 버리거나 책상다리를 하지 말고 단정한 자세로 앉는다. 큰소리로 전화를 걸거나 받지 않는다.

③ 보행

- 길과 계단에서 한쪽 방향으로 걷는다. 위험한 찻길을 무단히 건너지 않는다. 허가 없이 도로를 사용하는 것은 교통에 지장을 줄 뿐 아니라 도시미관을 해치는 것이다.

3) 기초질서

국제화 시대에 접어들어 국경 없이 외국인이 드나드는 이 시대에 주인의식을 가지고 뒷골목 어디를 가나 깨끗한 거리를 만드는 것은 모두의 책무이자 의무이다.

① 지정된 장소에 쓰레기 버리기

- 거리에서 휴지, 담배꽁초. 껌 종이, 가래침 등 함부로 뱉지 않는다.
- 쓰레기를 아무데나 함부로 버리지 않는다.
- 재활용 쓰레기는 분리 처리하고 일반 쓰레기는 최소화하여 배출한다.

② 줄서기 문화의 실현

- 차를 탈 때, 행사에 입장할 때 등에서는 줄을 선다.

③ 음식 쓰레기 정결 처리

- 외관상 역겹지 않게 냄새와 물기를 빼서 배출한다.

4) 환경질서(環境秩序)

① 깨끗한 환경 가꾸기

- 자기주변, 직장, 사무실 등은 깨끗이 가꾸는 것은 기초예절 실천이다.
- 자기 쓰레기가 아니라도 가급적이면 처리해주면 스스로 흐뭇해진

다.

– 50~100년이 지나도 썩지 않는 폐기물은 함부로 버리지 않는다.

– 출입금지 장소 드나들지 않으며, 화초 나무 등을 사랑하고 보호해야 한다.

② 등산하면서 생태계 보호

– 산에서 나무, 식물, 돌 등 무단채취는 자연보호에 역행 된다.

– 등산로에서 지나친 고성, 방가 등 소란행위는 삼가야 한다.

– 계곡에서 지나치게 노출 하거나, 취사, 음주, 욕설 등은 절대 금지한다.

③ 공원 등에서 예절

– 조용하고 품위 있는 행동으로 격조 있는 처신을 해야 한다.

– 관상수와 화초는 내 집 화단과 같은 마음으로 아낀다.

④ 출입금지 지역 준수

– 출입금지 시설을 훼손하거나 시설물을 더럽히는 일은 민주시민이라 할 수 없다.

5) 사회적으로 좋은 '매너' 예시

① 길을 가다가 누군가 발을 밟거나 어깨가 부딪혔을 때 "미안합니다." 라고 말한다.

② 백화점에서 뒤에 오는 사람을 위해 출입문을 잡아준다.

③ 엘리베이터에서 이웃을 만났을 때 먼저 인사말을 보내고 미소를 보낸다.

④ 지하철에서 옆 사람에게 피해를 주지 않기 위해 신문을 접어서 본다.

⑤ 식당 같은 공공장소에서 큰 소리로 떠들지 않는다.

⑥ 공중 화장실을 깨끗이 사용한다.

⑦ 한 줄 서기를 지킨다.

⑧ 새치기 하지 않는다.

⑨ 초보 운전자에게 될 수 있는 한 재촉하지 않는다.

(4) 직장(職場)예절

직장은 출생, 성장, 교육, 전공, 취미, 소질, 가치관이 다른 이질적인 타인들이 일정한 목표를 위해 자기의 특성을 조율해 전체에 맞춰 성취하고 거기에서 얻어지는 이윤을 균점하는 조직 사회이다.

직장은 일반 사회보다 타율적이며 강요적인 규범의 적용을 받아 구속력에 의해 압박감을 받으며 구성원들 사이에 경쟁적이다. 직장 생활은 대인관계이기 때문에 올바른 예의 정신으로 자기 관리를 완벽하게 하여 조직원의 일원으로 원만한 생활을 하여야한다.

자신과 가족을 위해 스스로 선택한 직장에서 능동적이며 성의를 다해 자율적인 자세로 책임을 다하고 이해득실을 자기의 성패로 생각하여 운명을 함께 하는 정신을 가져야 한다.

1) 신입사원의 예절

① 선배사원이나 상급자에게 예스러운 마음과 몸가짐, 단정한 옷차림을 하면 첫인상을 좋게 받는다.

② 직장의 사업취지와 목적, 역사와 전통, 조직과 제도, 사규 및 관습 등을 체득하여 대처한다.

③ 동료와 상급자와 빨리 낯을 익히고 기타 관계자의 직급, 성명 등을 익혀 원활한 인간관계를 유지한다.

④ 거래 선과 고객의 정보를 신속히 체득하여 업무능률을 높인다.

⑤ 비품, 사무용품, 공구, 소모품, 자재 등을 파악해 절약하고 바르고 정결하게 사용한다.

2) 출근(出勤)

① 어울리는 몸차림, 옷차림으로 출근한다.

② 업무시작 15분 전에 도착하여 근무준비를 하며 만나는 상급자, 동료, 하급자와 친절하게 인사를 나눈다.

③ 지각과 결근이 없는 것은 당연한 일이나 만일 늦었으면 미안한 표정으로 "죄송합니다!" 라고 말하며 변명하지 않는다.

3) 근무

① 책상과 의자를 평행이 되게 반듯이 놓고 엉덩이를 깊게 앉아 바른 자세로 집무한다.

② 업무 이외의 잡담, 하품, 기지개, 독서 등을 하지 않는다.

③ 자리를 비우거나 외출 할 때는 상급자에게 사전 승낙을 받고, 돌아와서는 반드시 보고한다.

④ 근무 장소에서는 자기업무 관계로 다른 사람이 방해 받지 않도록 한다. 조용하게 말하고 남의 책상을 침범하지 않으며 공용물인 사무용품을 아껴쓴다.

⑤ 모든 경비는 실비에 의해 정산하며 지출명세와 영수증 등을 첨부한다.

⑥ 사외근무나 출장을 빙자하여 자기의 통상업무를 지체하거나 남에게 미루지 않는다.

⑦ 복사를 부탁 받을 때는 매수, 글자의 농도, 빠진 것이 없는가를 점검하고 원고를 복사물과 함께 전한다.

⑧ 편지나 문서를 쓸 때에는 정성껏 쓰고 다시 읽어보아 확인 후 겉봉과 속의 내용이 일치 되었는가를 확인 후 봉한다.

⑨ 중요한 서류나 전표, 현금은 금고에 넣거나 잠글 수 있는 서랍에 보관한다.

⑩ 어떤 경우라도 휴식이나 점심으로 인해 근무에 지장을 주어서는 안 된다.

4) 퇴근(退勤)

① 퇴근시간이 되더라도 하던 일을 끝내고 내일 할 일을 점검하고 퇴근한다.

② 주위와 책걸상을 반듯하게 정리하고 근무복과 실내화를 정돈하고 전등, 냉난방장치, 환기장치 등을 끄고 창문, 출입문 등을 단속한다.

③ 상급자, 동료, 하급자에게 하루의 수고를 위로하며 정중히 인사하고 퇴근한다.

④ 타부서의 직원, 경비, 잡역을 맡은 사람들에게도 "수고하세요!" 라는 인사말을 한다.

5) 직장 내 대인(對人)예절

① 상급자

– 상급자에게는 연령에 관계없이 직급 명에 '님' 을 붙여 부르고 존댓말과 높임 말씨를 사용하며 뒷모습을 보이지 않는다. 상급자를 인도할 때는 우측 2~3보 앞에 서고 수행할 때는 상급자 우측의 뒤를 따른다.

② 동급자 및 동료

– 동급자나 동료관계는 연령 위주로 교류하되, 선후배의 위치를 존중

한다. 연장자나 친숙하지 않은 상대에게는 높임 말씨 '하시오' 를, 친숙한 사이는 반 높임 말씨 '하오' 나 보통 말씨 '하게' 를 사용한다.

③ 하급자

- 하급자에 대한 호칭은 직책 명으로 부르고 말씨는 연령에 따라 '하시오', '하오', '하게', '해' 를 적절히 사용한다. 하급자에 대한 사랑을 형평 있게 하고 편하게 해주며 상급자의 책임을 하급자에게 떠넘기지 않는다. 상급자는 하급자가 허물없이 상의하고 의지 할 수 있는 상대가 되어야한다.

6) 고객(顧客)과 거래선(去來先)

① 직장을 찾아오는 고객이나 거래 선에 대해서는 높임 말씨와 존대어를 쓴다. 누구인지 모를 때는 '손님' 으로 부르고 예우하는 정신을 발휘하며 불편이나 궁금증이나 기다림이 없도록 최대의 봉사와 안내를 하여 신속을 기한다.

② 거래 선에 갔을 때는 주인이 권하지 않으면 편한 자세를 취하거나 앉지 않으며 주인이 권할 때에는 상좌의 우측인 손님(하급자)의 자리에 앉는다.

(5) 학교예절(學校禮節)

오랜 옛날부터 인류의 역사를 발전시켜온 온갖 학문을 익히고 생산 하는 곳이니 마큼 신선한 곳으로 취급 되어왔다. 조선시대에는 아무 리 높은 사람이라 할지라도 반듯이 성균관 앞에서는 말에서 내려 걸어 들어가야 했으며, 임금도 역시 가마를 탄 채로 학교 안으로 들어갈 수 없었다. 이렇듯 신선한 곳이 학교이니 만큼 몸담고 있는 사람 모두가 특별한 사명감을 가져야 함은 물론이다.

1) 선생님에 대한 예절

가정을 떠나서 최초로 접하게 되는 사회가 바로 학교이며, 가정과는 다른 일정한 규칙체계가 있으며 질서가 있다. 그러므로 스승은 나의 지식을 풍부하게 해 주시는 분이며, 나의 행동을 바른 방향으로 이끌어 주시는 분이다.

스승은 제자가 잘 되는 것을 보람으로 여기며 사는 분들이기 때문에 우리는 스승을 '군사부일체' 라고 한다. 우리를 낳아주신 분은 어버이지만 우리를 바른길로 이끌어주신 분은 바로 스승이기 때문이다.

스승은 학부모로부터 받은 소중한 생명을 보람 있게 살도록 희망과 용기를 북돋워 주시며, 학생들의 정신적 지주이자 그들에게 길을 안내해 주는 등불이다. 이러한 스승이야말로 마음의 어버이인 것이다. 따라서 예로부터 제자는 스승을 자기의 친부모와 같이 섬기는 마음을 지녀 왔고 스승은 제자를 친자식처럼 아끼고 사랑하는 풍토가 조성 되어 왔다.

2) 선생님을 대하는 마음가짐

① 선생님의 지식뿐 아니라 생활의 지혜를 본받고 배우려는 마음가짐을 지닌다.

② 가르침에 의문이 있으면 주저하지 말고 공손하게 질문하여 깨닫도록 한다.

③ 남들 앞에서도 나의 행동을 바르게 할 것을 늘 생각해서 나의 행동으

로 말미암아 선생님을 욕되게 하는 일이 없도록 한다.

④ 곁을 떠난 후라도 종종 편지를 띄우거나 방문을 하여 문안을 여쭙도록 한다.

3) 선생님의 앞에서 말씨와 태도

① 먼저 자신의 용모가 단정한지 본다.

② 선생님 앞에 서면 허리를 굽혀 인사하고, '선생님, 부르셨습니까?' '용무가 있어서 왔습니다.' 또는 '여쭐 말씀이 있어서 왔습니다.' 등의 인사말을 한다.

③ 대화하는 동안에는 단정한자세로 똑바로 서서 선생님을 보면서 이야기하며, 선생님께시 의자에 앉으라고 권하면 '감사합니다.' 라고 가볍게 인사하며 바른 자세로 앉는다.

④ 부탁드릴 때에는 '죄송하지만, ○○ 좀 해 주실 수 있겠습니까?' 하고 물으며, 들어주셨을 때에는 '고맙습니다' 라고 인사한다.

⑤ 용무를 마치고 돌아갈 때에는 '고맙습니다', '잘 알았습니다' 또는 '안녕히 계십시오' 등 장소와 대화 내용에 알맞은 인사를 한다.

⑥ 다른 학생과 이야기하고 계실 때에는 약간 떨어진 위치에서 기다리도록 하며, 남의 이야기를 엿들어서는 안 된다.

4) 학우간의 예절

친구란 학문을 같이하는 동료이다. 지식을 같이 토론 하면서 쌓아나갈 수 있고, 행동도 서로 영향을 주고받는 사이이다. 특히 현대와 같이 형제가 단출하고 친척들이 모이는 일도 적은 요즘에 와서는 하루 가운데 대부분의시간을 함께하는 학급 친구야 말로 친형제 자매와도 같은 것이다. 그러나 친구일수록 상대방의 인격을 존중하면서 예의는 지켜야 한다.

① 가까운 친구일수록 말과 행동을 조심한다.
② 급우가 싫어하는 별명이나 말을 하지 않는다.
③ 친구 간에는 장점을 본받고 북돋우며, 잘못을 깨우치고 충고한다.
④ 기쁨을 함께하고 어려움을 나누어 돕는다.
⑤ 친구의 부모님은 나의 부모님처럼 존중한다.
⑥ 좋은 친구를 원하면 먼저 좋은 친구가 되어야 한다.
⑦ 급우 간에 서로의 학문 연마에 도움을 준다는 자세를 가진다.
⑧ 항상 양보하고 서로 존중하는 자세를 가진다.
⑨ 급우 간 친밀한 것이 도를 넘어서 예의에 벗어난 행동을 하지 않도록 주의한다.
⑩ 욕을 한다거나 공연히 시비를 건다거나 싸움을 하는 일이 없도록 한다.

2. 국민 예절(國民禮節)

국가가 국민의 자유와 재산의 보호, 안전한 생활의 보장 등 광범위한 보호를 하고 있지만 국민 또한 국가의 발전과 공공의 이익을 위하여 많은 기여를 할 의무가 있으며, 이는 국민으로서의 최소의 예절이 뒤 바침 되어야 한다. 다시 말해서 투철한 국가관이 요구되는바 여기에는 나라의 상징인 국기(國旗)와 국가(國歌)는 국민예절의 기본이라 할 수 있다.

(1) 태극기(太極旗)

1) 유래

우리나라에서 국기의 필요성을 알게 된 것은 1876년(고종 13년)에 있던 강화도 조약을 맺은 때부터였다. 조약을 맺기 1년 전에 일본은 우리에게 문호개방과 통상을 요구하면서 강화도 초지진에 우리의 허락도 없이 군함 운요호를 정박시켰다. 강화도를 지키던 우리 수비병대가 즉각 대포를 쏘며 대항했다.

이런 과정에서 군함에 게양된 일본기가 불타버렸다. 이를 이유삼아 군함을 허락 없이 정박 하더라도 국가를 표시하는 국기를 게양했을 경우에는 국제관례상 침범의 의사가 아님을 표시한 것이라는 주장이었다. 이 사건 즉, 강화도조약을 계기로 우리나라는 처음으로 국기에 대한 새로운 인식과 필요성을 절실하게 깨닫고 국기 창안을 서두르게 되었다.

2) 내용

태극기를 구성하는 각 상징의 의미는 표 12와 같다.

〈표 12〉 태극기의 의미

구 성	해 설
바 탕	바탕의 흰색은 영토를 의미
태 극	태극은 국민을 의미 · 빨강은 존귀와 양(陽) · 파랑은 희망과 음(陰)
괘	네 귀퉁이 4괘는 정부를 의미 · 건(乾)③ 좌측상단-하늘, 봄, 인(仁,) 동쪽 · 이(離)④ 좌측하단-태양, 가을, 예(禮), 남쪽 · 감(坎)⑤ 우측상단-달, 겨울, 지(智), 북쪽 · 곤(坤)⑥ 우측하단-땅, 여름, 의(義), 서쪽

3) 국기게양과 강하

① 게양일

- 국경일(3 · 1절, 제헌절, 광복절, 개천절, 한글날)
- 1월 1일
- 국군의 날
- 현충일(조기게양)
- 국장기간(조기게양)

– 국민장일(조기게양)

– 정부가 따로 지정한 날

– 지방자치단체 조례 또는 지방의회의결로 정하는 경사스러운 날(당해 지역에 한함)

② 게양 및 강하

– 국기는 24시간 게양할 수 있다. 이 경우 야간에는 되도록 적절한 조명을 해야 한다.

– 학교 및 군부대의 주된 게양대에는 국기를 낮에만 게양한다.

– 국기를 낮에만 게양하고자 하는 경우

- 게양시간 : 오전 7시
- 하강시간 : 3월부터 10월까지 오후 6시, 11월부터 다음해 2월까지 오후 5시

– 다음의 경우는 게양 및 강하시간을 변경할 수 있다.

- 야간행사 등에서 국기를 게양할 필요가 있는 경우
- 국장, 국민장등 조기를 게양하는 경우
- 기타 특별한 사유로 인하여 중앙행정기관의 장인 행정자치부장관과 협의한 경우

– 국기는 심한 비바람 등으로 훼손되거나, 존엄성이 유지되기 어려운 경우에는 게양하지 않는다.

③ 게양방법

– 빨간색이 위로 가도록 한다[태양은 양(陽)으로 하늘을 뜻하고 음(陰)은 땅을 뜻한다]. 24시간 게양하며 때나 얼룩으로 오염된 경우 세탁하여 사용하지만, 파손된 경우에는 태운다. 밖에서 보아서 집 가운데 또는 왼쪽에 게양한다.

4) 국기에 대한 경례

오른손을 왼쪽가슴에 살짝 댄다. 모자를 썼을 때는 벗어서 왼쪽 가슴에 댄다.

(2) 애국가

1) 유래

애국가는 조국에 대한 사랑을 일깨워 주고 다짐하기 위하여 온 국민이 부르는 노래이다. 처음 부른 것은 1896년 11월 26일 독립문을 세울 때(윤치호 선생 작사) 윤치호 선생이 펴낸 '찬미가' 라는 책에 애국가 가사가 실렸다(1907년).

현재의 곡은 안익태(安益泰)선생이 오스트리아 수도 빈에서 1936년 작곡한 것이다. 현재가사는 윤치호, 안창호, 민영환 등이 만들었다는 설이 있으나 어느 것도 공인되지 않았다. 현재의 애국가가 처음 불러진 것은 1936년 베를린 올림픽에 한국 선수단을 찾아가 함께 부른 것이다.

정부수립(1948)이후 부터 대한민국 국가로 준용되어 현재에 이르고 있다.

2) 제창

정식절차 때 "국기에 대한 경례" 다음 절차로서 참석자 전원이 애국가를 제창토록 하며, 의식의 성격. 여건 등으로 인하여 부득이 한 경우를 제외 하고는 가급적 4절까지 제창한다.

(3) 애국자

우리나라는 생산자원의 부족과 어려운 경제여건에서도 놀라운 기적을 이루어 내고 있다. 2006년도 자료에 의하면 문맹율은 1%, IQ는 세계 2위(홍콩1위)이고, IT산업은 일본을 앞지르고 있으며, 반도체, 핸드폰, MP3, 조선, 인터넷 보급률 등이 각각 세계 1위이다. 또한 자동차 생산국 5위를 기록하며, 우리나라의 김치도 세계 5대 식품으로 인정받고 있다. 그 외에 한국 양궁은 전 종목을 석권, 쇼트트랙 세계선수권을 회득하는 등 최근 수영과 빙상에서 놀라운 환호성이 일어나고 있다.

이는 각고의 어려움을 견디면서 남모르게 흘린 땀의 결정체라 생각되지만 온 국민이 간절한 성원이 한 몫을 하였던 것이다. 우리가 어려울 때마다 하나가 되어 나라 사랑하는 마음이 절실하게 필요하다. 세계가 우리 한국인의 우수성을 주목하고 있는 이 자부심을 가지고 서로 힘을 모아 살기 좋은 나라를 만들어 우리후손에게 물려주어야 할 것이다.

3. 외국의 생활예절

(1) 지구촌 생활

이제 외국인은 낯설은 사람들이 아니라 우리 주변에서 흔히 만날 수 있고 또한 서로 영향을 주고받으며 살아가고 있다. 그렇기 때문에 외국인들을 지나치게 존대하거나 무시하지 말고 우리의 이웃처럼 대하여야 한다.

외국인의 문화나 습관은 우리와 다른 점이 많다. 그런 차이를 인정해 주고 도와주고 배려하는 것이 세계화시대에 지구촌 한 가족으로 살아나가는 방법이다.

1) 편견 없는 시선

간혹 외국인이나 외국인과 함께 다니는 사람들을 호기심에 찬 시선으로 반히 쳐다본다거나 편견이 담긴 말을 하는 경우를 볼 수 있다.

2) 정중한 감사와 사과

예전보다 외국인들을 더 많이 만나게 되는 요즈음, 그들에게 실수했을 때는 "미안합니다" 라고 말합니다. 만일 도움 받을 경우는 "고맙습니다" 라는 말도 잊지 말아야 합니다. 그렇지 않으면 우리를 무례한 사람으로 보기 때문이다.

3) 친절과 성의

우리나라에온 외국 사람들이 겪는 어려움 중의 하나는 자신이 가고자 하는 곳을 찾기가 어렵다는 것이다. 사람들에게 물어보면 대부분 부끄러워하면서 피하거나 무뚝뚝하게 반응한다고 합니다. 비단 외국인뿐만 아니라 다른 사람의 문의에 성의 있게 답해 준다면 보다 따뜻한 사회가 될 것이다.

(2) 간단한 외국의 풍습

국제화, 세계화에 따라 외국과의 왕래가 빈번하여 문화가 빠르게 교류되고 있다. 이에 우리는 외국의 문물을 무비판적으로 받아들이지 말고 우리 고유의 것을 살리고 계승시키며 올바른 가치관과 정체성을 가지고 외국의 문물을 습득하여 세계인으로서 손색이 없는 국민이 되어야 한다. 이를 위해 여러 나라의 관습에 대한 관심과 이해를 바탕으로 해외 여행시에 갖추어야 할 예절을 알아보기로 한다.

1) 아시아

가. 일본(日本)

① 소식(小食)하고 밥과 국그릇을 들고 먹는다.

② 자기 젓가락으로 상대방에게 음식을 집어 주는 것은 결례이다.

③ 선물은 짝수를 좋아하나 4개는 피하며 흰색포장, 흰 꽃 등은 피하는

것이 좋다.

④ 2차 대전에 관한 이야기는 피하고, 등 뒤에서 손뼉을 치지 않는다.

나. 홍콩

① 청색과 백색은 장례식 색깔로 되어 있음으로 사용하지 않는다.

② 두 가지는 행운으로 알고 있다.

③ 죽음을 상징하는 시계는 선물하지 않는다.

다. 중국(中國)

① 박쥐는 행운을, 학과 거북 등은 사람을 바보로 취급하는 말로 여긴다.

② 술자리에서 노래를 부르거나 떠드는 버릇이 있다.

③ 자기가 사용하던 젓가락으로 음식을 집어주는 습관이 있다.

④ 괘종시계는 장례식의 의미가 있으므로 선물하지 않는다.

⑤ 술을 마실 때 보통 건배를 하며 작은 일에도 박수를 친다.

⑥ 사업하는 사람은 개인적 우정을 중요시 한다.

라. 태국(泰國)

① 불교 국으로 불상, 승려를 신성시하며 왕가에 대한 존경심을 가지고 있으므로 이를 욕되게 하는 언행은 용납되지 않는다.

② 머리를 신성시 여기므로 어린이의 머리를 쓰다듬어서는 안된다.

③ 이름을 부르는 것이 정식이여서 이름 앞에 'Mr.' 를 붙여 호칭한다.

④ 인사는 두 손을 턱 밑에서 모아서 '와이(wai)' 라고 말하면서 한다.

마. 말레이시아

① 이슬람교를 믿는 사람은 돼지고기를 먹지 않으며 개도 가까이 하지 않는다.

② 왼손을 부정한 손으로 여겨 식사하거나 악수, 물건을 건넬 때 오른 손을 사용한다.

③ 사람의 머리를 만져서는 안된다.

바. 인도네시아

① 돼지고기나 술을 입에 대지 않고 왼손을 부정하게 생각한다.

② 어린이 머리를 쓰다듬지 않는다.

사. 인도(印度)

① 남자와 인사는 악수, 여자와 인사는 합장하면서 허리를 약간 숙인다.

② 힌두교는 쇠고기를 먹지 않으며 소를 신성시한다.

③ 음식을 전할 때는 오른손을 쓴다.

④ 시크교도는 터번을 쓰고 담배를 피우지 않으며 쇠고기를 먹지 않는다.

아. 중동(中東)

① 회교도에게는 술은 절대 금물이며 라마단의 기간(회교력 9월, 단식기간) 중 금식규칙을 철저히 따른다.

② 음식을 먹을 때, 명함, 선물을 전할 때 오른손을 사용한다.

③ 여성을 낮추어 생각하고 여자가 몸을 보이거나 다리를 꼬는 것을 싫어한다.

④ 회교도는 1일 5번, 즉 메카를 향해 해 뜰 때 1번, 낮에 3번, 해질 때 1번 기도한다.

⑤ 차도르(얼굴 가리는 천)를 한 여성을 사진 찍는 것은 큰 실례이고 사전에 동의를 구하여야 한다.

⑥ 음식을 먹을 때는 오른손을 사용하는데 이유는 왼손은 생리적인 일

에 사용하므로 불결하다고 생각하기 때문이다.

⑦ 일상 업무는 목요일에 끝나고 금요일은 휴식일이며 토요일에 다시 업무를 시작한다.

2) 미주

가. 미국(美國)

① 인종 문제에 대한 이야기를 피하도록 한다.

② 흡연제한 규칙 및 식사, 음주 예절 등을 잘 지키도록 한다.

③ 점심을 가볍게 하고 저녁을 주된 식사로 여긴다.

④ 선물 교환을 보통 상징적인 것으로 한다.

⑤ 동료나 친구사이에는 소개받은 후 이름을 곧바로 부른다.

⑥ 사람에게 손가락질하는 것을 불쾌하게 생각하고 이유없이 쳐다보는 것을 싫어한다.

⑦ 공공의 장소에서 시끄럽게 하는 것을 큰 실례로 안다.

나. 캐나다

① 공원 같은 곳에서 술을 마시지 않는다.

② 흰 백합은 장례용 꽃이므로 선물하지 않는다.

다. 멕시코

① 자존심이 무척 강하다.

② 보라색 꽃은 죽음을 상징하므로 선물하지 않는다.

③ 엉덩이에 손을 얹는 것은 도전을 뜻한다.

④ 주머니에 손 넣는 것은 결례이다.

⑤ 사진을 찍으면 혼이 빠져 나간다고 생각하기 때문에 조심해야 한다.
⑥ 유적지 내에서는 삼각대 사진기 사용할 때는 허가를 받아야 한다.

라. 브라질
① 거리에서 술주정하면 체포한다.
② 보라색은 죽음을 뜻하므로 보라색 꽃은 선물하지 않는다.
③ 미국식 OK 사인은 상스럽고 외설적인 의미로 생각하기 때문에 사용하지 않는다.

마. 아르헨티나
① 단정한 복장을 좋아한다.
② 자존심이 강한 국민성을 가지고 있다.
③ 숙녀 우선(lady first)의 관행을 잘 지킨다.
④ 칼과 포크를 열십자로 놓으면 식사가 다 끝났다는 의미이다.

바. 콜럼비아
① 여성끼리 악수를 하지 않고 팔뚝을 서로 걸치며 인사한다.
② 대학 졸업생이면 보통 박사라고 부른다.

사. 파라과이
① 머리를 뒤로 젖히는 것은 잊어버리고 있었다는 뜻이다.
② 친한 사일 경우 팔짱을 끼고 걷는다.

3) 유럽

가. 영국(英國)

① 흰 백합꽃은 죽음을 상징한다.
② 상대방의 직업을 묻는 것을 삼가도록 한다.
③ 상업상 말을 억제하는 것이 좋다.
④ 음식을 권할 때는 몇 초간 사양하는 것을 예의로 생각한다.
⑤ 공식 모임시 식탁에서 여왕에 대한 건배가 끝나기 전에 담배를 피우지 않는다.
⑥ 승리를 표시하는 V자 사인은 반드시 손바닥이 상대방을 향하도록 한다.

나. 프랑스
① 선물은 책, 레코드 등 지적감각이 담긴 것을 좋아한다.
② 개인적인 질문, 정치, 돈에 관한 화제는 피하도록 한다.
③ 토론과 논쟁을 좋아한다.
④ OK 사인은 가치 없는 것으로 생각한다.
⑤ 좋은 음식과 좋은 포도주를 중요시 한다.
⑥ 아주 친한 사이가 아니면 집으로 초대하지 않는다.
⑦ 프랑스어에 대하여 대단한 자부심을 가지고 있다.
⑧ 프랑스 교육제도에 대하여 자부심을 갖는다.
⑨ 카네이션은 장례식에 사용하므로 선물하지 않는다.

다. 독일(獨逸)
① 생활규칙이 엄격하고 책임 소재가 분명하다.
② 상대방이 원하기 전에는 이름을 부르지 않는다.
③ 꽃은 포장하지 않고 선물하며 짝수를 싫어한다.

라. 이탈리아

① 사람을 외관으로 판단하는 경향이 있으므로 용모를 단정히 하도록 한다.
② 직위, 호칭(타이틀)을 붙여서 불러 주기를 원한다.
③ 팔꿈치를 붙이고 악수한다.
④ 빵 접시는 사용하지 않는다.
⑤ 사회적인 행사에 시간을 지키지 않는 경우가 많다.

마. 그리스
① 약간 고개를 젖히고 끄덕이는 것은 NO라는 뜻이다.
② OK 사인을 남 앞에서 하는 것을 실례로 한다.
③ 물건에 대하여 호기심을 보이면 그 물건을 선물한다.
④ 행복할 때 웃지만 너무 화가 나도 웃는다.

바. 스페인
① 주식은 점심으로 오후 1시 30분부터 4시 30분 사이에 한다.
② 저녁은 아주 늦게 밤 10시나 새벽 2시에 후에 한다.
③ 투우 관람할 때는 시간을 반드시 지킨다.
④ 다알리아와 국화꽃은 죽음을 나타낸다.

사. 아일랜드
① 팁은 청구서에 포함되어 있고 별도로 주면 무시당한다.
② 성을 부르면 실례라고 생각하기 때문에 반드시 이름을 불러야 한다.

제 5 장

가정의례

1. 가정의례의 의미

(1) 가례(家禮)와 가정의례(家庭儀禮)

가례와 가정의례는 같은 뜻인데 옛날에는 가례라 했고 현대에는 가정의례라 한다. 가정의례란 가정에서 일정한 격식을 갖추어 행하는 예절이다. 사람이 출생, 백일, 돌, 생일, 성년례, 혼인례, 장례, 제례 등 한 평생을 살면서 지켜야 하는 행사라는 의미에서 통과의례(通過儀禮)라고도 한다.

(2) 가정의례의 종류(種類)

옛날의 가례는 관례(冠禮), 혼례(婚禮), 상례(喪禮), 제례(祭禮) 등 사례(四禮)에 사당(祠堂)제도와 예복인 심의(深衣)제도, 그리고 가정생활을 정한 거가잡의(居家雜儀)를 포함하였다. 그러나 현대의 가정의례는 다음 표 13의 다섯 가지를 말한다.

〈표 13〉 현대의 가정의례

가정의례	의식내용
성년례(成年禮)	사회적 책임 능력이 인정되는 나이에 하는 의식.
혼인례(婚姻禮)	남 여 짝을 지어 부부가 되는 의식.
상장례(喪葬禮)	사람의 죽음을 갈무리하고 매장하는 의식.
제　례(祭　禮)	죽은 사람을 추모하는 의식.
수연례(壽宴禮)	어른의 생신을 축하, 만수무강 기원하는 의식.

2. 성년례(成年禮)

(1) 성년의 의미

현대의 성년례는 법적으로 혹은 사회적으로 정당한 권리와 신성한 의무를 이행할 수 있는 성인이 되었음을 일깨워주는 의식이다.

성년자에게 구청장 이름으로 성년이 되었음을 축하하는 엽서가 배달되며, 각 가정 또는 사회단체에서 행하는 성년례에 개별 또는 집단으로 참가하여 성년의식을 행한다.

전통적으로 남자는 땋아 내렸던 머리를 올려 상투를 틀고 관(冠)을 씌운다는 뜻으로 관례(冠禮)라하고, 여자는 머리를 올려 쪽을 찌고 비녀(笄)를 꽂는다는 뜻으로 계례(笄禮)라 하였다. 그 의미는 어른으로서의 책임과 의무를 일깨우는 데에 있었다.

(2) 성년의 날 제정의 취지

국가와 민족의 장래를 짊어질 성년(成年)에 달한 젊은이들에게 사회의 일원으로 성인이 되었음을 축하하고 성인으로서의 자각과 사회에의 책무를 일깨워주며 자긍심과 긍지를 가질 수 있는 동기를 마련해 줌으로써 민주 시민으로 육성하기 위함이다.

(3) 성년례의 시기

우리나라 민법에서는 남녀모두 만 20세가 되면 자기 행위에 대해 책임을 지게 되어 있으므로 만 20세가 되는 생일날이나 그해의 성년의 날(5월의 셋째 월요일)에 행한다.

(4) 성년례의 순서

사회자가 홀기(笏記)를 읽는 대로 성년자, 가족, 주최 측, 내빈, 큰 손님, 주인은 위치와 좌석을 정한 후 홀기에 의해 진행한다.

1) 위치와 좌석의 예

① 주인이하 가족들은 동쪽에 정한 자리에 차례대로 서세요.

② 손님들은 서편 쪽 자리에 정한대로 서세요.

③ 주인은 문 앞 동쪽에 서향하여 서세요.

④ 주례는 문 앞에 이르러 서쪽에서 동향해 서세요.

⑤ 주인과 주례는 서로 경례하세요.

⑥ 주인은 주례를 주례대기석으로 인도한 다음 자기 자리에 가서 서세요.

2) 순서

① 거례선언(擧禮宣言)

– 지금으로부터 ○○○씨와 ○○○여사의 ○째 아드님(따님) ○○군(양)의 성년례를 ○○○선생님을 주례로 모시고 거행 하겠습니다.

- 주인은 주례 앞에 와서 마주 서세요.
- 주인과 주례는 경례 하세요.
- 주례는 남향해서 서서고, 주인은 원 자리로 돌아가세요.

② 성년자 입장.

- 성년자가 입장 하겠습니다.
- 성년자는 입장해 정한자리에서 공수하고 북향해 서세요.

③ 일동 경례

- 모두 경례 하겠습니다.

④ 성년자 배례.

- 이제 성년자 경례를 하겠습니다.
- 손님을 향해 경례하세요. 경례! 바로!
- 가족을 향해 경례하세요. 경례! 바로!
- 주례를 향해 경례하세요. 경례! 바로!

⑤ 문명(問名)

- 주례는 성년자의 이름을 물어 확인하시겠습니다. 성년자는 대답하세요.
  - 주례: "네가 오늘 성년이 되는 ○○○군(양)이냐?"
  - 성년자: "예, 그렇습니다."

⑥ 다짐

- 주례는 성년자에게 다짐을 받겠습니다. 성년자는 대답하세요.
  - 주례: "너는 이제 성년이 되는 성년선서를 하겠느냐?"
  - 성년자: "예 성년선서를 하겠습니다."

⑦ 성년선서와 서명

- 성년자가 성년선서를 하고 서명하겠습니다.
- 주례이하 모든 참석자는 오른손을 왼쪽 가슴에 대고 선서를 받으세요.

- 성년자는 오른손을 가슴에 대고, 왼손으로 성년선서문을 들고 선서한 다음 선서 하세요. (선언문에 서명) 모두 손을 내리세요.

⑧ 성년선언과 서명

- 주인은 성년선언을 하고 서명 하겠습니다(읽고 나서 서명).

⑨ 술의 의식

- 이제 술의 의식을 행하겠습니다.
- 집사는 성년자 앞에 주안상(酒案床)을 차리세요.
- 집사는 잔반에 술을 부어, 그 잔반을 주례에게 받들어 올리세요.
- 주례는 두 손으로 술잔을 받아 가슴높이로 들으세요.
- 성년자는 주례 앞에 가서 북향해 서세요.
- 주례는 술의 교훈을 내리세요.

· 주례: "술은 향기로운 것이네. 그래서 우리나라의 모든 의식에서 술을 반드시 쓰는 것이네. 그러나 술을 많이 마시면 정신이 혼미하고 몸을 바로 가눌 수 없는 것이네. 그러므로 술은 조심스럽게 마셔야 하네. 이제 천지신명에게 제사지내고 천천히 마시게."

- 성년자는 잔반을 받아 자기 자리로 돌아가세요.
- 성년자는 무릎을 꿇고 앉아서 잔반을 눈높이로 받들어 하늘에 서약하고, 잔을 내려 모사에 술을 조금씩 세 번 붓고 땅에 서약하세요.
- 성년자는 서쪽을 향해 돌아 앉아 남은 술을 마시세요.
- 성년자는 일어나서 잔반을 집사에게 주고, 집사는 잔반을 받아 상 위에 놓은 다음 주안상을 치우세요.
- 모두 앉으세요.

⑩ 주례의 수훈(授訓)

- 주례는 성년자에게 교훈을 주시겠습니다.

· 주례: 〈교훈〉

⑪ 성년자의 경례

– 이제 성년자가 경례를 하겠습니다.

– 모두 자리에서 일어나세요.

– 성년자는 주례에게 경례하세요. 경례! 바로!

– 성년자는 가족에게 경례하세요. 경례! 바로!

– 성년자는 손님에게 경례하세요. 경례! 바로!

⑫ 일동경례

– 모두 경례하세요. 경례! 바로!

⑬ 필례선언(畢禮宣言)

– "이상으로 ○○○군(양)의 성년례를 모두 마치겠습니다."

- 주인은 큰손님을 다른 방으로 모신다.
- 성년자는 참석자들에게 인사하고 사진촬영 등 부수 행사에 임한다.

(5) 성년례 후 권리와 의무

1) 권리

① 행위 능력 – 만 20세가 되면 민법(제 4조)규정에 의거하여 매매권 행사, 소유권 행사, 계약 체결하는 등의 법률행위를 할 수 있다.

② 약혼의 자유 – 민법(제 800조)규정에 의거 자유로 약혼을 할 수 있다.

③ 각종 선거권 – 각종 선거법에 의거하여 선거할 수 있는 권리를 갖는다.

④ 정당의 당원 자격 – 정당법(제 17조)규정에 의거 정당에 가입하여 활동할 수 있다.

2) 의무

① 병역의무 – 국토방위를 위해 일정한 기간 군에 복무해야 할 의무가 있다.

② 도덕적 의무 – 도덕적으로 올바른 행동을 해야 할 의무가 있다.

3. 혼인예절(婚姻禮節)

(1) 전통 혼인례(傳統 婚姻禮)

옛날에는 남녀가 혼인한다고 했으며 다른 말로 예를 갖춘다고 한 말은 바로 육례를 말하는 것으로 그 절차는 대략 다음과 같다.

1) 혼인 이야기(혼담: 婚談)

남자 측에서 여자 측에 청혼하고 여자 측에서 이를 허락하는 절차이다. 양가에서 중매인을 통해서 결정이 되면 남자 측에서 서면으로 혼서지를 보낸다. 여자 측에서도 이의가 없으면 허락한다는 허혼서로 답신하는 절차이다.

2) 사주(四柱) 보내는 절차(납채: 納采)

남자 측에서 여자 측에 혼인을 정했음을 알리는 사주(四柱)를 보내는 절차이다. 사주는 생년, 생월, 생일, 생시 등 8자를 한지에 붓글씨로 정성껏 써서 예물과 같이 보내는 절차다.

3) 혼인날 택일(납기: 納期)

남자 측에서 여자 측에 혼인 일자를 정해서 보내 달라는 절차이다. 택일은 통상 한지에 써서 보내는 것이 관례이다.

4) 예물(함) 보내는 절차(납폐: 納幣)

남자 측에서 여자 측에 예물을 보내는 절차이다. 납페함에는 신부의 옷감을 넣는데 이를 채단(綵緞)이라 한다.

5) 전통 결혼식(대례: 大禮)

신랑이 신부 집에 가서 혼인례를 올리고 부부가 되는 절차를 말한다(그림 27). 이날은 신부 집에서 신방을 차리고 합궁하는 절차를 진행하고 보통 다음날 신랑 집으로 가서 잔치를 연다.

〈그림 27〉 전통혼례

6) 시댁에 처음 가는 절차 (우귀:于歸)

신부가 신랑을 따라 시댁(媤宅)에 들어가는 절차이다. 신부는 시댁에 도착해서 어른께 폐백을 드린다. 이때 큰절로 재배한다.

(2) 현대 혼인례(現代 婚姻禮)

1) 배우자의 선택(혼담)

두 사람이 진실한 사랑과 믿음에서 결혼함을 우선한다. 사물에 대한 판단과 현실 인식, 이상을 서로 존중함이 중요하다.

생활 감각과 취미가 서로 비슷하고 유머가 있으면 더욱 좋다.

건강한 생활을 영유할 수 있도록 사회적 생활인이 되어야 한다.

2) 연애(戀愛)와 중매(中媒)

혼인이 이루어지기 위해서는 남녀 간에 미리 교제가 있거나 또 중매인을 통해서 간선(看選)이나 맞선을 본 다음, 어느 정도 기간을 가진 다음 합의에 도달 하면 약혼, 혹은 결혼에 임한다.

① 중매

일반적으로 용모, 체격, 성격, 건강, 학력, 가문, 직업 등이 배우자의 선택에 기준이 되고 있다. 기타 서로 사진을 교환하여 집안의 사람이 함께 논의하면 더욱 좋다.

서로의 동의에 의하여 출신학교와 성적 품행, 교우관계를 알아볼 수 있고, 상대방의 직장이나 근무처의 동료나 상사 또는 거주하는 동네나 근처에서 그 집안에 대한 문의를 하여 신중한 결정에 필요한 내용을 고려할 수 있다.

② 연애

첫인상과 겉모양만 보고 속단하지 말고 인내를 가지고 적어도 5~6번 정도 만난 후 1차 판단해야 한다. 사람에 따라 숨은 매력이 있을 수 있기 때문에 이를 찾도록 노력한다. 일방적으로 내 성격에만 맞추는 것은 무리할 수 있다.

3) 맞선

① 맞선은 사진이나 서류 교환 등으로 뜻이 어긋나지 않으면 중매자가 본인들이 만나볼 수 있도록 시간과 장소를 마련하여 줌으로써 이루어진다.

② 시간은 낮에 행하는 것이 좋으며 시간은 너무 오래 끌지 말고 2시간 이내가 좋다.

③ 용모는 단정하게하고 평범한 액세서리와 가벼운 화장, 검소한 차림새가 돋보인다.

④ 화제는 동반인과 중매인이 분위기를 살리면서 자연스러운 생활 주변의 화제부터 만들어 가는 것이 좋다.

⑤ 마음에 안들 때는 거절하는 쪽에서 상대방의 마음이 상하지 않게 좋은 말로 거절해야 한다. 즉, 자신을 낮추고 상대방을 높여주는 방법이다.

4) 약혼(約婚)

① 약혼식 당일의 비용은 신부 측에서 전담하는 것이 관례이므로 상대방의 부담을 고려해 신랑 측에서는 충분한 배려가 있어야 한다.

② 약혼은 두 사람의 말로도 성립 할 수 있으나, 약혼 서를 교환하는 것이 바람직하다.

③ 가정의례준칙에서는 약혼식을 금하고 있으며 약혼서와 건강진단서의 교환으로 대신하도록 규정하고 있다.

④ 약혼식 순서의 예

- 개식사
- 약력 소개
- 예물교환
- 약혼서와 건강진단서 교환
- 주례사
- 가족소개
- 케이크 자르기
- 폐식사
- 식사

5) 약혼 신표(約婚信標)

약혼신표는 대개 반지를 사용하고 있다. 약혼반지는 여성에게는 가장 소중한 것이며, 처음으로 받는 가장 값진 선물이라고 보아야 할 것이다. 이는 형편에 따라 적절히 선택해야 한다. 참고로 세계적으로 통용되고 있는 탄생석은 표와 같다.

〈표 14〉 월별 탄생석(1912년 미국 보석상 조합에서 선정)

월	탄생석	의미
1	석류석(石榴石)	아름다운 우애가 변하지 않고 충실함.
2	자수정(紫水晶)	성실, 참된 마음, 마음의 평화.
3	산호(珊瑚)	정열, 용감, 총명.
4	다이아몬드/수정(水晶)	청초, 영원한 행복, 청순 무구.
5	녹옥(綠玉, 에메랄드)	행복, 매력, 애정.
6	진주(眞珠)	건강, 장수.
7	홍옥(紅玉, 루비)	지성, 순수.
8	홍마노(紅瑪瑙)	화합, 행복.
9	사파이어	청순, 덕망.
10	오팔, 전기석	온화, 인내, 우정, 희망.
11	토파즈	화락, 사랑, 행복.
12	터키석	성공, 행운.

(3) 현대식 결혼예식 절차

1) 예식 전 유의사항

① 혼주의 좌석

신랑이 서 있는 쪽은 신랑 측의, 신부가 서 있는 쪽은 신부 측의 혼주자리이다. 바깥 혼주는 주례 가까운 쪽, 안 혼주는 하객 가까운 쪽으로 자리한다.

② 신랑 신부 입장

신랑은 걸어와서 대례석 동편(東便, 주례왼편)에 서며 주례나 부모에게 목례정도를 한다. 땅 바닥에 엎드려 큰절하는 것은 예가 아니다. 신부는 인도하는 사람의 왼손을 오른손으로 잡고 입장한다.

③ 신랑 신부 위치

고유혼례, 천주교, 불교의 예식에서 신랑은 동쪽, 신부는 서쪽에 위치한다. 즉, 주례가 서있는 쪽을 북쪽으로 하여 서동부서(婿東婦西)가 음양(陰陽)의 이치이나 가정의례의 행정지도에 따를 수 있다(보건복지부: 1994. 6. 16. 6522~350호).

2) 예식 진행

시작 10분 전 2~3회 안내 방송을 한다. 사회자는 주례 선생님, 반주자, 양가 혼주의 참석을 확인 후 식을 다음의 예시에 따라 진행한다.

① 개식 선언

- 지금으로부터 ○○○씨의 ○남 ○○○군 ○○○씨의 ○녀 ○○○ 양의 결혼식을 거행 하겠습니다. 주례선생님이 임석하시겠습니다. 주례를 맡아 주실 분은 ○○○입니다.

② 혼주의 점촉

- 양가 혼주님께서는 단상에 준비된 촛대에 점촉하여 주십시오. (붉은 초(양)는 신랑, 푸른 초(음)는 신부 측에 위치한다. 양가에서 점 촉하고 그대로 자리로 들어간다. 이때 주례와 하객에게 인사하지 않는다. 단지 점촉이 목적이기 때문이다.)

③ 주례 임석(주례가 주례석 상단에 선다.)

④ 신랑 입장(대기 확인 후)

– 다음은 오늘의 주인공 신랑이 입장하겠습니다. '신랑 입장 ! ' 뜨거운 박수로 축하해 주시기 바랍니다.

⑤ 신부 입장(인도자 확인 후)

– 다음은 오늘의 주인공인 신부가 입장하겠습니다. '신부 입장 ! ' 지금 화려한 조명과 우아한 모습으로 입장하는 아름다운 신부에게 뜨거운 박수로 환영해 주시기 바랍니다.

⑥ 신랑, 신부 약력소개(略歷紹介) (주례가 하객들에게 신랑과 신부에 대한 약력을 간략하게 소개 한다. 주례사 속에 포함되어, 생략할 수도 있다.)

⑦ 신랑 신부 맞설

– 다음은 신랑 신부가 맞절을 하겠습니다. (신랑은 오른편으로 돌아서고, 신부는 왼편으로 돌아서서 마주서게 되는데, 각 15도 정도로 인사한다.)

⑧ 혼인 서약

– 주례선생님이 귀중한 혼인서약을 받겠습니다. 신랑은 신부에게 신부는 신랑에게 직접 혼인 서약을 하겠습니다. (신랑과 신부는 생사와 고락을 같이하고, 생명을 다하는 날까지 행복하게 살 것을 하느님께 서로가 "예" 하고 분명하게 맹세한다. 이 때, 고천문을 낭독하는 경우도 있다.)

⑨ 예물교환(禮物交換)

(신랑이 신부의 왼손을 잡고 넷째손가락에 반지를 끼어준다. 신부도 예물을 받아서 주되, 시계일 경우 신랑의 팔목에 손수 채워준다.)

⑩ 성혼선언문 낭독

– 성혼 선언문 낭독을 하겠습니다. (주례는 원만한 부부가 되었음을

선언한다.)

⑪ 주례사

– 다음은 주례선생님이 새롭게 시작하는 신랑, 신부를 위해 좋은 말씀을 하시겠습니다. (부부는 인생행로에서 행복과 고통이 서로 교차하는 것이므로 어떤 어려움이 와도 이것을 견디고 이겨서 영원한 행복을 얻기를 말한다.)

⑫ 축사와 축전 (화환 증정)

⑬ 축가

⑭ 신랑 신부(양가 혼주)인사

– 다음은 신랑, 신부와 양가 혼주께서 내빈 여러분께 감사의 인사를 드리겠습니다. (신랑, 신부가 먼저 인사한다.)

⑮ 신랑 신부 행진

– 이제 두 사람이 완전한 부부가 되어 인생의 첫 걸음을 시작하겠습니다. 뜨거운 박수를 부탁드립니다. '신랑 신부 행진!'

⑯ 폐식 선언

– 이상으로 신랑 ○○○군과 신부 ○○○양의 혼례식을 모두 마치겠습니다. 참석해 주신 여러분 가정에 행운이 깃드시기를 기원합니다. 대단히 감사합니다.

3) 식후 행사(式後 行事)

① 사진기념 촬영

② 피로연

피로연에서 주의할 점은 참석한 하객들은 조용히 식사를 마치고 즐겁고 명랑한 분위기 속에서 신랑 신부를 축하해 주며, 또한 신랑 신부는 간단한 감사의 인사를 드리고 항상 기쁜 표정을 짓도록 한다.

③ 폐백

결혼식을 마친 신부가 시가(媤家)의 어른들에게 첫 인사를 드리는 것을 말한다.

④ 신혼여행

옛날에는 신부 집에서 신혼 초야를 지냈다. 그러나 요즘은 서로가 애정을 확인하고 새로 시작될 삶을 계획하기 위하여 평소에 가고 싶었던 곳 또는 추억이 있던 조용한 곳으로 보통 3박 4일 정도의 여행을 떠난다. 여행경비는 남자 측에서 준비한다. 신부는 친척이나 친구들에게 줄 선물 경비를 준비한다.

⑤ 재행(再行)

신랑이 두 번째로 신부 집에 인사의 목적으로 가는 것을 말한다. 이때에도 약간의 음식을 마련하여 신부 집에 같이 보내는데 신랑은 장인장모에게 인사의 절을 올리고 폐백을 드린다.

⑥ 근친(近親)

예전에 신부는 시집 간지 1년이 되면 친정으로 가서 부모님께 인사를 올리는데 이것을 말하는데 요즘은 생략한다.

〈표 15〉 결혼기념일(結婚記念日)

명 칭	주년 수 및 선물
1. 지혼식(紙婚式)	결혼 1주년 기념일
2. 고혼식(藁婚式)	결혼 2주년 기념일
3. 과혼식(菓婚式)	결혼 3주년 기념
4. 혁혼식(革婚式)	결혼 4주년 기념일
5. 목혼식 (木婚式)	결혼 5주년 기념일. 이때 초대된 사람들에게 나무로 만든 기념품을 준다.
6. 화혼식(花婚式)	결혼 7주년 기념일.
7. 석혼식(錫婚式)	결혼 10주년 기념일. 이때 초대된 사람들 에게 주석(朱錫)으로 만든 기념품을 준다.
8. 마혼식(麻婚式)	결혼 12주년 기념일.
9. 동혼식(銅婚式)	결혼 15주년 기념일. 이때 초대된 사람들 에게 동(銅)으로 만든 기념품을 준다.
10. 도혼식(陶婚式)	결혼 20주년 기념일. 이때 초대된 사람들 에게 도자기(陶磁器)로 만든 기념품을 준다.
11. 은혼식(銀婚式)	결혼 25주년 기념일. 이때 초대된 사람들에게 은(銀)으로 만든 기념품을 준다.
12. 진주혼식(眞珠婚式)	결혼 30주년 기념일
13. 산호혼식(珊瑚婚式)	결혼 35주년 기념일. 이때 초대된 사람들에게 산호(珊瑚)로 만든 기념품을 준다.
14. 홍옥혼식(紅玉婚式)	결혼 45주년 기념일
15. 금혼식(金婚式)	결혼 50주년 기념일.
16. 금강석혼식(金剛石婚式)	결혼 75주년 기념일. 이때 초대된 사람들에게 금강석(金剛石)으로 만든 기념품을 준다.

4. 상장례(喪葬禮)

상례는 사람의 죽음을 맞고 장사지내며 근친들이 일정기간 슬픔을 다해 죽은 이를 기리는 의식절차이다. 그러므로 아무리 생활여건이 달라졌다 하더라도 정신적으로는 옛날과 현대가 다를 것이 없다.

상례를 임할 때에는 엄숙하고 경건한 죽음을 맞아 슬픔을 극진히 하며 힘을 다해 장례를 치른다. 또한 자손은 은혜를 마음에 새겨 근본에 보답하는 자세로 근신하며 고인을 기린다.

장례는 원래 그 예식이 까다롭고 복잡하였으나 현대 생활에 적합하도록 일반화되었다.

(1) 초종(初終)

초종은 사람의 죽음을 맞이하는 절차이다. 죽음의 시작이고 상장례의 시작을 의미한다.

1) 천거정침(遷居正寢)

① 사람이 위독하면 병원에 입원하기도하나 가능하면 자기의 집 안방에 모신다. 머리가 동쪽에 가게 눕힌다. 이는 자기가 평소에 살던 곳에서 죽음을 맞는 것이 가장 바람직하다.

② 환자를 보아야 할 사람에게 연락한다.

③ 가족이 곁에서 조용히 지켜보아야 한다.

④ 집안을 정돈하고, 알려야할 곳을 정리하고 준비한다.

⑤ 유언(遺言)을 잘 들어야 한다. 유언이란 글씨나 육성 녹음 등으로 여러 사람이 지켜보는 가운데 재산 분배, 죽고 난 후 부탁, 자손들의 교훈, 소원 등을 말하는 것이다. 유언은 정신이 건전한 상태에서 미리 남겨두거나 들어두는 게 좋고, 임종 최후의 말씀까지 경청해야 한다. 이 세상을 떠나면서 마지막으로 남기고 싶은 소중한 말이므로, 자손이나 친지들은 마땅히 그에 따라야 할 것이다.

⑥ 깨끗한 옷으로 갈아입힌다.

⑦ 환자의 입이나 코에 솜[脫脂綿] 얇게 펴서 올려놓아 숨 쉬는 것을 알 수 있게 한다.

⑧ 자손 근친들이 환자 곁에서 엄숙하게 지킨다.

2) 운명(殞命)

운명이란 임종(臨終)이라고도 말하는데, 마지막 숨을 거두는 것을 말한다. 자손이나 친지들은 환자의 운명을 정중하고 경건하게 지켜보아야 한다.

① 환자가 숨을 거두면 의사가 사망을 확인하고 사망진단서를 받아야 한다.

② 사망이 확인되면 근친들은 슬픔을 다한다.

③ 영안실로 가기 전 까지는 고인의 방을 비우지 않는다.

3) 초혼(招魂)

집에서 모실 경우 자손이 아닌 한사람이 죽은 이의 옷을 들고 지붕에 올라가서 북방을 향해 옷을 흔들며 죽은 이의 칭호를 세 번 부르고 내려와 그 옷을 죽은 이의 가슴에 덮는다. 이것은 죽은 이의 몸을 떠난 영혼을 다시 불러들이려는 주술적(呪術的) 의미도 있다.

4) 부고(訃告)

부고는 호상(護喪)이 상주와 의논하여 친척과 친지에게 신속하게 발송(전화)하여야 한다. 부고는 호상이 보내는 것이다.

망인이 상주의 아버지면 대인(大人)이라 하며, 상주의 어머니인 경우 대부인(大婦人), 상주의 할아버지인 경우 왕대인(王大人)이라고 한다. 망인(亡人)의 관향(貫鄕)위에 직위 또는 직책을 쓰고, 호(號)가 있으면 관향 위에 호를 쓰기도 한다.

5) 곡(哭)

상주는 "아이고, 아이고 ………." 하면서 슬피 통곡하고, 조객은 "어이, 어이 ………." 하며 서러워한다. 그러나 현대에서는 이를 생략하기도 한다.

6) 문상(問喪)

① 문상(問喪)

객지에 나가 있다가 부모님의 상(喪)소식을 듣고 돌아오는 것을 말한다. 부음(訃音)을 들은 즉시 곡(哭)을 하며 절하고, 흰옷으로 갈아입는다. 고향집에 다시 돌아오면 상복으로 갈아입고 시신(屍身) 앞에 나가 슬피 곡을 한다.

② 심상(心喪)

실제로 상복을 입지 않은 채 마음으로 3년간 슬퍼하는 것을 일컬으며 보통 스승을 위해서 행하나 아버지가 계실 때에는 어머니를 위해서 또는 계모를 위해서도 할 수 있다.

(2) 조문예절(弔問禮節)

1) 조문객 옷차림

① 남자

검정색 양복이 원칙이나 감색 회색도 실례되지 않는다. 그러나 와이셔츠는 반드시 흰색을 입고, 넥타이와 양말 구두는 검정색으로 하면 좋다.

② 여자

위아래 검정색으로 통일하는 것이 가장 무난하지만, 흰색, 회색, 감색 등도 좋다. 구두나 스타킹, 장갑, 핸드백도 검정색으로 하는 것이 무난하며 되도록 짙은 화장을 피하는 것이 좋다.

2) 조문 시기

성복을 끝낸 뒤에 한다. 친한 사이라면 염습이나 입관을 마친 때가도 좋다.

3) 조문할 때 삼가야 할 일

유가족에게 계속 말을 시키지 말아야 하며 또한 정신적 피로감을 주지 않아야 한다. 큰 소리로 이야기 하는 것도 삼가고 엄숙 경건한 마음을 가져야하며 고인의 사망 원인, 경위 등을 상세히 묻지 않는다.

4) 조문하는 순서(표 16~17)

① 상가에 도착하면 먼저 호상소로 가서 조객록에 자기의 주소 성명을 기록한다.

② 호상소에서 영좌 앞으로 안내 받는다.

③ 상주, 주부 이하 복인들이 일어서서 흉사시의 공수를 하고 서서 잠시 죽은 이를 추모하며 슬픔을 나타낸다.

④ 영좌가 입식으로 설치되었으면 허리를 90도로 굽혀 한번 경례하고 좌식으로 되어 있으면 전통배례로 두 번 절한다.

⑤ 고인이 아랫사람이면 절을 하지 않는다.

⑥ 약간 뒤로 물러나서 상제 있는 쪽으로 향해 선다.

⑦ 상제가 절을 하면 손님이 맞절 또는 답배를 한다.

⑧ 꿇어앉고 손님이 먼저 인사한다. 이때 인사말은 현대식 인사는 누가 죽었던지 손님이 먼저 “얼마나 슬프십니까?” 라고 하면 상주는 “오직 슬플 따름 입니다.”라고 대답한다. 부모상의 경우 “얼마나 망극하십니까?” 라고 하며 일반적으로는 “얼마나 애통(비통)하십니까?” 라고 한다(표 고례(古禮) 상중 인사 예 참조).

⑨ 다른 손님이 기다리고 있으면 공손한 자세로 물러난다.

⑩ 다시 호상소에 가서 부조(扶助)금품을 내놓고, 호상소에서는 그 내용을 부의록에 기록한다.

⑪ 대접하는 다과가 있으면 간단히 들고 일어난다.

⑫ 절대로 잡담이나 큰소리, 노래, 춤 등으로 무례를 범하지 않아야 한다.

〈표 16〉 고례(古禮) 상중 인사 예

구분	문(조문객)	답(상주)
부모상	대고(大故)를 당하시어 얼마나 망극 하십니까?	망극(罔極)하기 한이 없습니다.
	졸연(猝然)히 상을 당하시니 얼마나 망극 하십니까?	시탕(侍湯)한번 못 드려 더욱 망극합니다.
형제상	참척(慘戚)을 보시니 얼마나 비감(悲感) 하십니까?	가운이 불길하여 이런 꼴을 당하니 비참할 따름입니다.
	백씨(伯氏)상을 당하여 얼마나 비통하십니까?	어떻다고 여쭐 길 없습니다.
	뜻밖에 계씨(季氏:동생)상을 당하시어 얼마나 비통하십니까?	이런 일이 어디 있습니까?
부인상	인사드릴 말씀이 없습니다.	상봉하솔(上奉下率)에 드릴 말씀이 없습니다.
	얼마나 섭섭하십니까?	신세 한탄 간절합니다.
남편상	상사말씀 여쭐 말씀이 없습니다.	꿈결인가 합니다.
	천붕지통이 오죽 하시겠습니까?	저의 박복한 탓으로 장부(丈夫)가 요수(夭壽)한 것이 한입니다.

(3) 현대식 상례

현대식 상례의 절차 중 가정의례준칙(家庭儀禮準則)에서 권장하는 내용과 실생활의 중요한 부분의 요점을 추려서 정리하여 위급할 때 미리 대처하도록 하는데 도움을 주려고 노력했다.

〈표 17〉 현대의 주요 상례 요약

상 례	내 용
임종(臨終)	가까워오면 흩어져 있는 가족에게 연락하여 지켜보도록 한다.
수시(收屍)	운명한 뒤 시신이 굳기 전에 골고루 주물러 펴서 굽거나 비뚤어지지 않도록 하기 위해 하는 절차
초혼(招魂)	복(復)을 부르는 일이나 사자 밥을 해놓는 풍습은 미신으로 간주되어 생략해도 무방하다.
상주(喪主)	장자가 되고, 장자가 없으면 장손이 승중(承重)하여 상주가 된다. ① 상제(喪制)란 상주가 아닌 자녀들과 배우자이다. ② 복인(服人)이란 상제 이외의 복제에 해당되는 자로 8촌 이내의 친족으로 한다. ③ 호상(護喪)은 상주의 친지 중에서 정하는데 상주를 도와 장의(葬儀) 일체를 책임진다
전(奠)	조석상식인바 형편에 따라 올린다.
호상소(護喪所)	상주가 있는 곳 가까이 있는 것이 편리하다.
부고(訃告)	꼭 보내야 할 곳만 보낸다.
장일(葬日)과 장지(葬地)	속히 결정하여 부고에 기입하며, 장일은 3일장 정도가 가장 적합하다. 장지(葬地)는 따로 마련하기보다 공원묘지나 선산(先山), 가족묘지로 정하는 게 편리하다.
장의사(葬儀社)	장례를 치르기 전에 사망신고와 매장 및 화장허가를 내야 한다. 또 운구 방법도 계획을 세워 놓아야 한다. 시신(屍身)모실 관(棺)을 준비하고 수시(收屍), 염습(殮襲), 상여꾼(시골), 산역(山役)꾼을 미리 정한다.
수의(壽衣)	흰 색이나 삼베로 품이 넉넉하게 한다.
상복(喪服)	흰 색 계통의 한복이나 검정색 양복을 상장(喪章)으로 대신하고, 여자도 한복은 흰 색으로 하고 양장은 검은 색에 상장을 단다.
음식 접대	상가에서 실제로 일을 돕는 사람이 한다.
입관(入棺)	24시간 지난 뒤에 한다. 죽었던 사람이 되 살아나는 경우가 있기 때문이다.

〈표 17 계속〉 현대의 주요 상례 요약

상 례	내 용
영좌(靈座)	고인을 가린 병풍(屛風) 중앙에 설치한다.
명정(銘旌)	붉은색 비단에 흰 글씨로 쓴다.
성복제(成服祭)	형편이 여의치 않으면 생략하는 수도 있다.
조상(弔喪)	문답을 간단히 한다. 위로가 되는 말 한마디가 적당하다.
부의금(賻儀金)	적당한 범위 내에서 성의를 나타낸다.
주상(主喪)	항상 빈소(殯所)를 지키고 있어야 한다.
조객(弔客)	인사는 맞절로 하고 음식접대는 형편대로 한다.
영결식(永訣式)	제수(祭羞)는 형편에 맞게 차린다.
운구(運柩)	영구차 및 상여로 하되 사진, 명정, 영구, 상제, 조객 순으로 한다.
광중(壙中)	영구가 도착되기 전에 끝내야 한다.
묘역(墓域)	너무 넓게 잡지 말고, 적당하게 치장(治粧) 한다.
위령제(慰靈祭)	성분(成墳)이 끝나고 지낸다.
성묘(省墓)	3일 후에 해도 좋으며 이때, 봉분이 잘 되어 있는지 살피고 간단한 제사를 올린다(삼우제).
조석삭망(朝夕朔望)	탈상 때까지 조석으로 올려야하나 성의껏 형편대로 한다.
탈상(脫喪)	3년(만 2년)이 지나야하나 형편에 따른다.
감사의 인사	장사(葬事)를 치른 뒤 행하며 잊지 말아야 한다.
소대상(小.大祥)	기제사(忌祭祀)로 해도 무방하다고 본다.
사진 [尊影]	일정한 장소에 잘 보관해 두었다가 제사 때 다시 사용하기도 한다.
정리(整理)	집안을 정돈하고 장례 때 사용했던 물품과 고인의 유품을 잘 보관한다.
비석(碑石)	묘의 주인을 밝혀주는 표시이다. 오석(烏石)이 가장 좋고 황등석(黃登石), 애석(艾石) 등을 쓰지만 대체로 화강암을 많이 쓴다.

(4) 상중제의(喪中祭儀)

상중제의란 사람이 죽어서 상복을 입기 시작한 때로부터 상복을 벗고 통상생활 할 때까지의 사이에 죽은 이에게 올리는 추모행사이다.

1) 위령제(慰靈祭)

위령제는 성분이 끝난 후 영좌를 묘소 앞으로 옮기고 간소한 제수를 차려놓고 지내며, 화장 시에는 혼령의 자리를 유골함으로 대신하여 고인의 명복을 비는 제를 지낸다.

2) 우제(虞祭): 초우, 재우, 삼우

① 초우제는 묘소에서 장례를 치르고 돌아온 그날 저녁에 영좌(靈座)에 혼백을 모시고 제례로서 지낸다.

② 재우제(再虞祭)는 장사지낸 그 이튿날 식전에 지내되 그날의 일진이 강일(剛日: 甲, 丙, 戊, 庚, 壬)이면 그 다음날(柔日: 乙, 丁, 巳, 辛, 癸)에 지낸다.

③ 삼우제(三虞祭)는 재우제를 지낸 다음날 식전에 지낸다.

3) 사십구제(四十九祭)

장례일로부터 49일째 되는 날 올리는 제사이다. 원래는 불교 의식이었으나 유교에서도 지낸다. 산소에 가서는 주과포(酒果脯)로서 성묘만 한다.

4) 졸곡(卒哭)

삼우제 후 3개월이 지난 다음에 맞는 강일(剛日) 아침에 지낸다. 이로 부 터는 비록 슬픈 마음이 들어도 곡을 하지 않는다. 졸곡이 지난 후부터는 밥도 먹고 물도 마신다. 잠 잘 때는 목침을 벤다 하였다. 그 외에 부제(祔祭), 소상(小喪), 대상(大祥), 담제(禫祭), 길제(吉祭) 등이 있으나 현대는 졸곡제(약 100일)까지만 올리는 것이 통례이다.

5) 부제(祔祭)

졸곡을 지낸 다음날 지내는 제사다. 우리나라의 전통 관습으로는 궤연(几筵)을 받드는데 초우 후에 혼백은 땅에 묻었고, 부제 때 신주를 사당에 붙여 모신다면 궤연은 비워지게 된다. 미루어 부제는 궤연을 모시지 않는 경우에 지내는 것이라 이해된다. 궤연을 모시는 것이 우리의 관습이므로 부제에 관해서는 생략한다.

6) 소상(小祥)

사망 후 1년 뒤에 지내는데 모든 절차는 기제사와 같다.

7) 대상(大祥)

사망 후 2년째 되는 사망 당일에 지내는데 모든 절차는 기제사와 같다. 대상을 지내면 상복을 벗고 소복을 입는다.

8) 담제(禫祭)

대상을 지낸 후 한 달을 지나 두 달이 되는 달에 지낸다. 사망한 달로부터 27개월 되는 달 하순 중에 지낸다. 모든 절차는 기제사와 같다. 담제를 지내면 소복도 벗고 완전한 평복을 입는다.

9) 길제(吉祭)

죽은 이가 장손이고 사당이 있을 때만 담제 다음날 지낸다. 즉, 할아지의 신주가 죽은 아버지의 봉사(奉祀)로 '顯考' 라 쓰여진 것을 '顯祖考' 로 고치는 제사이기 때문이다.

(5) 성묘(省墓)

조상의 묘지를 살피는 일을 성묘라 하며 상시로 해야 하지만 일반적으로 설날, 한식, 한가위, 섣달그믐에 성묘한다.

1) 설

살아계신 어른에게 세배를 올리듯 돌아가신 조상을 모신 묘지에 세배하는 것은 너무나도 당연하다. 대개 정월 중에 성묘한다.

〈그림 28〉 성묘

2) 한식(寒食)

언 땅이 풀리고 초목의 생장이 시작되는 때이다. 겨울 사이에 눈사태나 나지 않았을까, 땅이 녹으면서 무너지지는 않았을까 염려되어 살피기 위하여 반드시 성묘하여야 한다. 또한 초목이 생장하는 때이므로 묘지를 수축하고 옮기고 비석을 세우고 나무나 잔디를 심는데 최상의 시기(식목일 전후)이므로 묘지를 손보는 사초(莎草)를 한다.

〈그림 29〉 한식의 제례 예

3) 한가위

장마철이 지나고 초목의 생장이 멈추는 계절이다. 장마에 사태로 무너지지 않았을까, 잡초나 나뭇가지가 뒤덮여지지 않을까 염려되어 성묘를 한다. 또 욱 자란 풀을 깎고 나뭇가지를 치는 벌초(伐草)를 하여야 한다.

4) 선달그믐

묵은해를 보내면서 조상에게 한해의 가호(加護)하심에 대한 보은(報恩)과 묵은 세배를 드린다.

※기제[忌日祭祀] 일시

예서(禮書)에 의하면 원래 돌아가신 날의 궐명(厥明: 먼동이 틀 때)에 시작해서 질명(質明: 밝아 올 때)에 끝낸다고 했는데, 우리나라는 관습적으로 그 날이 제일 먼저 그날 돌아가신 조사을 기리는 일부터 해야하므로 첫 시간[子時]에 지냈다. 그러나 요사이에는 돌아가신 날의 초저녁에 지내는 가정이 있으니 그것은 잘못이다.

- 성균관 예절에서 -

5. 제의례(祭儀禮)

예서(禮書)에 의하면 "제왕(帝王)은 하늘에 제사를 지내고, 제후(諸侯)는 산천에 제사를 지내며 사대부(士大夫)는 조상을 제사 지낸다."고 했다. 인간이 조상님께 제사를 지내는 까닭은 효(孝)를 계속하기 위함이며 자기 존재에 대한 보답이다. 공자(孔子)에 의하면 조상을 살아계신 분 뫼시듯 정성을 다해야 함을 강조하며 인(仁)을 실현하고자 하는데 효를 근본으로 삼았다. 따라서 생시에는 효도로서 보본(報本)하고 사후에는 제사로서 보본할 뿐만 아니라 후손에게 영속시킴으로써 조상의 생(生)이 지속되도록 하자는 것이다. 제례는 조상과 후손 간에 맺어지는 혈연적 유대감에 뿌리를 둔 것으로 조상은 죽어서도 자손들에게 살아있는 존재로 간주되는 것이다.

(1) 제사(祭祀)의 구분

〈표 18〉 제사의 종류는 표 18과 같이 구분할 수 있다.

제사명	내 용
기제사 (忌祭祀)	조상이 돌아가신 날 지낸다. 소상과 대상을 비롯한 기제사는 길례(吉禮)라 하며 공수한 손의 위치가 평상시 공수와 같이 남자는 왼손, 여자는 오른 손이 위로 간다. 자손이 있어 조상을 받드는 일은 다행스럽고 아름다운 효의 극치로 본다.
세일사 (歲一祀)	세사(歲祀)또는 시사(時祀)라고도 하며 1년에 한번 지낸다. 기제사를 받드는 조상보다 윗대의 조상에 대한 제사이다.
시조제 (始祖祭)	자기 성씨의 시조에 대한 시제이다. 매년 동지(冬至)무렵에 지낸다. 그러나 문중(門中)에서 시제 날을 변경하여 거행하는 경우가 많다.
선조제 (先祖祭)	시조인 다음 세대인 제 2세조 이하 기제사를 받들지 않는 대개 5대조까지의 조상인 선조에 대한 시제이다. 매년 입춘(立春)무렵에 지낸다. 문중에 따라 시제 날을 변경하여 거행하는 경우가 많다.

(2) 제사(祭祀) 준비

기제사, 설, 추석, 한식 차례 등에 공통되는 준비는 다음과 같다.

1) 위패(位牌)(사당, 가묘)

① 소목지서(昭穆之序): 시조(始祖). 현조(賢祖). 고조 순으로 모신다. 소(昭)는 동쪽, 목(穆)은 서쪽을 의미한다. 웃어른은 중앙에, 소(昭)에는 2위인 고조, 목(穆)에는 3위인 증조, 다시 소에 4위인 조부, 목에는 5위인 부모 순으로 모신다.

② 이서위상(以西爲上): 죽은 이는 어두운 세상이기 때문에 해지는 서쪽을 상석으로 해서 고조부모, 증조부모, 조부모, 부모의 순으로 모신다.

③ 내외분인 남자 조상과 여자조상의 위패는 따로 이지만 한 독(櫝)에 모시는데 서쪽에 남자, 동쪽에 여자를 모신다.

2) 신주(神主)

① 밤나무로 만들며 위는 둥글게 아래는 평평하게 한다. (25cm×6cm×3cm). 하늘은 둥글고 땅은 평평하다(천원지방, 天圓地方)의 이치에 따른 것이다.

② 신주 하나에 한 분의 조상을 신주 중앙에 세필로 내려쓰고 서쪽 하단에 봉사자를 쓴다

(서식 - 부 : 현고 ○○ 군수부군신주 효자 ○○ 봉사).

顯考 ○○ 郡守府君神主 孝子 ○○ 奉祀

③ 신주는 가묘(家廟)가 있는 경우 가묘에 모신다.

3) 지방(紙榜)

① 백색한지로(가로 6cm×22m)에 위는 둥글게 아래는 평평하게 만들어 세필로 쓰는데 임시 위패이므로 '신위(神位)' 라고 쓴다.

② 내외분을 한 장에 쓰는데 남자조상은 서쪽(보아서 왼쪽)에 쓰고 여자조상은 동쪽(보아서 오른쪽)에 세로 형식으로 쓴다.
(서식 – 조부모 : 현조비유인문화류씨신위 현조고학생부군 신위).
顯祖妣孺人文化柳氏神位 顯祖考學生府君 神位

4) 사진(寫眞)

① 조상화는 원래는 적절치 못하다.

② 사진을 모실 때는 글씨로 된 신주나 지방을 함께 모신다.

③ 남자조상의 사진은 서쪽(왼편), 여자조상의 사진은 동쪽(오른편), 위패(位牌)는 중앙에 모신다. 그 이유는 위패가 주(主)이고 사진은 종(從)이기 때문에다.

(3) 제수(祭需)

제수전(祭需錢)이란 제상(祭床)에 소용되는 금품을 말하는 것이고, 조리된 음식은 제수(祭需)이다. 몸을 깨끗이 하고 단정히 하여 침이나 머리카락이 들어가지 않게 한다. 밤과 배는 껍질을 벗기고 과일은 괴기(제기에 담기) 편하게 아래와 위를 도려내고 꼭지부위가 위로 가게 한다(그림 31~35).

1) 진설(陣設)하는 기준

제사상 진설(陳設)법은 각 지방의 관습에 따라 다른 점이 많이 있으나 일반적으로 우리나라 향교에서 권하는 제사상 차리는 법을 많이 따르고 있다(그림 30).

① 헌관의 좌(左)가 서(西)요, 우(右)가 동(東)이다. 따라서 신위 앞 헌관의 위치가 남(南)이 되고 신위 위치가 북(北)이 된다.

② 제상 앞 중앙에 향탁을 놓고, 향탁 위에는 중앙에 향로를 동측에 향합을 놓는다. 모사기는 헌관 앞에 놓는다.

③ 동(東)편에 주준상(酒樽床), 서(西)편에 축(祝)탁을 놓는다. 주준상 위에는 강신잔반(降神盞盤), 퇴주그릇 주전자 술병을 놓고, 향탁 앞에 배석(拜席)이며 북면(北面) 중앙이 신위(神位)인데 고서비동(考西妣東)이다.

④ 북쪽에 병풍을 치고 병풍 앞에 신위를 모실 위패(位牌)와 촛대를 바련한 다음 식어도 괜찮은 음식부터 제물을 차리고 진설이 다 되면 사진 혹은 미리 써둔 지방을 위패에 붙인다.

北

西 / 東

첫째 줄	시접(匙楪) 반(飯) 잔(盞) 갱(羹)
둘째 줄	면(麵) 육적(肉炙) 계적(鷄炙) 어적(魚炙) 병(餠)
셋째 줄	촛대 어탕 육탕 채탕 촛대
넷째 줄	포(脯) 채나물 식혜(食醯)
다섯째 줄	생과일(대추/밤/감/배/사과 등) 만든 과자(한과)

향로(爐) 향합(香閤)
모사(茅沙)

축탁(祝卓) 강신잔 주준상(술병)

南

〈그림 30〉 간추린 진설(한분 상) 예시

2) 제사음식의 명칭

제사음식에는 다양한 한자어가 사용된다(표 19).

〈표 19〉 제사음식의 한자어와 해설

제사음식	내용 설명
삼탕(三湯)	肉湯(소고기). 魚湯(생선). 鷄湯(닭). 素湯(두부) 魚東 肉西로 홀수陳設
삼적(三炙)	불에 구운 陸炙(소고기). 海炙(비늘생선). 空炙(鷄) 魚東 肉西로 홀수陳設
전(煎)	부침개 또는 간납(肝納)이라고 하는데 소고기 부침, 생선 부침, 두부 부침
김치(沈菜)	물김치(주로 나박김치) 生東: 동쪽에 陳設
숙채(熟菜)	익힌 나물(고사리, 도라지 배추나물 등) 熟西: 서쪽에 陳設
청장(淸醬)	간장
편청(艑淸)	조청(造淸: 물엿=꿀)
과실(果實)	나무의 생과(生果), 곡식의 과자(菓子) 생과는 西쪽을 上으로 조(棗). 율(栗). 시(柿). 이(梨) 또는 홍색을 東쪽, 백색(栗)을 西쪽에 陳設하기도 함.
제주(祭酒)	가급적이면 맑은술[淸藥酒]을 병이나 주전자(酒煎子)에 담는다.
현주(玄酒)	정화수(井華水)로서 제일 먼저 받은 맑은 물이다. 술이 생기기 전에는 정화수로 제사를 지내기 때문에 비록 술을 쓰더라도 준비하는 것이다.

3) 제수의 조리법

① 모든 제수의 조리에는 향신료(香辛料)를 쓰지 않고 간장과 소금만으로 조미한다.

② 뜨겁게 먹어야 할 음식은 식지 않도록 한다.

③ 제상에 올린 제수는 자손이 먼저 먹으면 안 된다. 남은 것을 먹는 것은 괜찮다.

④ 과실의 꼭지부위가 위로 가도록 한다.(나무에 매달린 상태)

4) 제수 진설(陣設)

① 考妣各設: 내외라도 남자조상과 여자조상의 상은 따로 차린다.

② 匙蝶居中: 수서 담는 그릇은 신위 앞 중앙에 놓는다.

③ 飯西羹東: 메(밥)는 서쪽, 갱(국)은 동쪽에 놓는다.

④ 炙蝶居中: 적(구이)은 중앙에 놓는다.

⑤ 魚東肉西: 생선은 동쪽이고 고기는 서쪽에 놓는다.

⑥ 麵西餠東: 국수는 서쪽이고 떡은 동쪽에 놓는다.

⑦ 左脯右醯: 포는 서쪽이고 식혜는 동쪽에 놓는다.

⑧ 熟西生東: 익힌 나물은 서쪽이고 생김치는 동쪽에 놓는다.

⑨ 紅東白西: 붉은 과일은 동쪽, 흰 과일은 서쪽에 놓는다.

⑩ 東棗西栗: 대추는 동쪽 밤은 서쪽에 놓는다. 또는 조율시이(棗栗柹梨) 등 가문에 따라 차이가 있다.

⑪ 東頭西尾: 생선의 머리는 동쪽을 향하고 꼬리는 서쪽을 향한다.

⑫ 계적(鷄炙)과 생선포(鮑)는 등이 위로, 어적과 조기젓은 배가 신위 쪽으로 뉘어 놓는다. 과일은 홀수(예: 1, 3, 5 수)

5) 합리적인 진설법 예시

① 합설과 각설

옛날에는 각설(各設)이 원칙이었으나 현대는 모두 합설(合設)을 한다.

· 각설: 메, 갱, 술, 국수, 숭늉 등은 따로 담아 올린다.

· 합설: 반찬과 과일은 한 접시에 담고, 수저도 순위대로 한 접시에 담는다.

② 두미방향(頭尾方向)

머리와 꼬리가 있는 제수는 머리는 동쪽, 꼬리는 서쪽을 향하게 한다.

③ 배복의 위치(背腹位置)

계적, 어적, 조기젓, 생선포 등은 등이 위로 가고, 뉘여 놓을 때는 배가 신위 쪽으로 가게 한다.

④ 과일의 위치(果實位置)

과일은 계절과 지방에 따라 다르기 때문에 가가례(家家禮)에 따르고 있다.

· 홍동백서(紅東白西): 붉은 과일은 동쪽(제주의 오른쪽) 흰색과일은 서쪽에 놓는다는 것이다.

· 동조서율(東棗西栗): 대추는 동쪽에 놓고, 밤은 서쪽에 놓는다는 것이다. 밤은 까서 놓으니까 흰색이고 대추는 붉은색인데, 제수진설은 밤이 있는 서쪽에 흰색과일을 차리고 대추가 있는 동쪽에 붉은 과일을 놓는 것이 홍동백서이다.

· 조율시이(棗栗柿梨): 서쪽에서부터 대추, 밤, 감 배순으로 진설하기도 한다(家家禮 境遇)

⑤ 탕과 전의 열(湯煎列)

전과 적을 제 2열의 국수와 떡 사이에 놓고, 탕을 제 3열에 차리는데 상이 좁아서 국수와 떡 사이에 3적으로 놓을 수 없고, 제 3열탕만을 진설하면 빈자리가 생긴다.

⑥ 제수진설 예시

· 기제(忌祭) 때는 젓갈[鹽]. 절사(節祀) 때는 식혜(食醯)를 놓는다.
· 숙수(숭늉)는 갱의 자리에 올린다.
· 적은 한 가지씩 올린다.
· 떡 어물 줄이 부족하면 탕 줄로 당겨놓아도 무방하다.
· 떡과 국수는 신위대로 차린다.
· 탕은 4가지 이내다(예: 肉, 魚, 煎, 膾)
· 동서남북은 신위[上座]를 北으로 하는 예절의 방위이다. 제수상한선을 예시한 것으로 여유가 있더라도 더 차릴 것 없고, 형편에 따라 덜 차리기도 한다.

〈그림 33〉 명절차례 진설도 - 조율시이(190쪽 참조)

〈그림 34〉 기제사 율곡 제의초 제찬도 – 홍동백서

▶ 묘소에서의 진설례

▶ 사당에서의 진설례

▶ 묘소에서의 참신례

▶ 사당에서의 변복서립례

▶ 묘소에서의 초헌례

▶ 사당에서의 초헌례

〈그림 35〉 각종 제의례의 예

(4) 기제사(忌祭祀) 봉행 절차

기제사의 봉행은 (표 20)에 준한다.

〈표 20〉 간추린 기제사 봉행절차의 예시

순서	절 차	내 용
1	재계(齋戒)	참여자는 전날부터 몸을 깨끗이 하고 근신한다.
2	쇄소정침(灑掃正寢)	제사 지낼 장소를 깨끗이 쓸고 닦는다.
3	수축(修祝)	단정한 자세로 지방과 축문을 쓴다.
4	설위진기(設位陳器)	기구를 제자리에 배설한다.
5	척기구찬(滌器具饌)	제기를 깨끗이 씻고, 제수를 조리한다.
6	변복서립(變服序立)	참례자는 예복으로 갈아입고 손을 씻은 후 공손한 자세로 선다. 이때 男東女西로 구분하여 선다.
7	점촉(點燭)	양 집사가 초에 불을 켠다.
8	설소과주찬(設蔬果酒饌)	제5열 과일부터 제4열 포, 해, 김치, 간장 등의 순으로 진설 한다.
9	봉주취위(奉主就位)	지방이면 교의에 붙이고 사진이면 자리에 모신다.
10	분향강신(焚香降神)	사당이나 제사에서 모두 분향강신이 먼저이다. 주인은 삼상향(三上香)한다. 향을 세 번 집어 신위를 향하여 눈높이로 올려 예를 표 한다. 강신은 혼령 모시기이다. 제주는 향을 피우고 강신잔에 술을 따라 모사기(茅沙器)에 세 번 서쪽에서 동쪽으로 지우고 재배한다.
11	강신뇌주(降神酹酒) ※묘제의 경우	술을 땅에 부어 적셔서[酹酒灌地] 지하에 계실 조상의 백(魄)을 모시는 절차이다. 주인은 모사(茅沙)에 세 번 나누어 서쪽에서 동쪽 순으로 술을 모두 땅에 붓는다[三除于地].
12	참신(參神)	조상을 뵙는 절차이다. 주인이하 모두 절한다(남자 두 번, 여자 네 번). 음양의 이치 일뿐이다.

〈표 20 계속〉 간추린 기제사 봉행절차의 예시

순서	절 차	내 용
13	초헌(初獻)	첫 번째로 술잔을 올리고 육적을 올린다. 집사가 신위 앞에 놓인 잔을 가져다가 주인에게 주고 술을 따르면 주인은 모사기에 조금씩 세 번 지운 뒤 남은 술잔은 집사에게 준다. 집사는 잔을 신위 앞에 올린다.
14	독축(讀祝)	축관은 축문을 읽고 난 뒤 초헌관만 두번 절한다.
15	아헌(亞獻)	차자 또는 종부가 두 번째 술잔을 올린 다음 집사는 어적을 올린다음 재배한다.
16	종헌(終獻)	다음 자손 또는 근친과 같은 복인이 세 번째로 술잔을 올린다음 계적을 올리고 두 번 절한다.
17	첨작(添酌) 유식(侑食)	조상에게 많이 흠향하시기를 권하는 절차이다. 첨작은 제주가 술병을 가지고 잔이 차도록 술을 더 따르고, 삽시정저(揷匙正著)는 메를 드시라고 숟가락을 가운데 꽂고 젓가락을 바로 잡아 놓는 절차인데 이때 숟가락이 동향으로 가도록 한다.
18	합문(闔門)	조상이 마음 놓고 잡수시도록 자리를 비우는 절차이다. 조상이 제수를 드실 때까지 문을 닫고 나가서 기다린다. 만일 문이 없을 때는 발을 내리거나 병풍을 치기도 한다.
19	계문(啓門)	합문한 뒤 얼마 동안(4~5분) 있다가 기침을 세 번 하고 닫은 문을 연다. 제주와 주부는 국그릇을 거두고 숭늉을 올린다.
20	진숙수(進熟水)	숭늉을 올리는 절차이다.
21	하시저(下匙箸)	수저를 거두어 시접에 담는다.
22	합반개(合飯蓋)	모든 뚜껑을 덮는다.
23	사신(辭神)	끝으로 물림 절이라 하여 모든 사람이 재배(여자 4번)를 한다.
24	음복(飮福)	주인은 신위 앞 동쪽에서 서쪽을 향해 꿇어앉는다. 축관이 가져다주는 음복술과 포 1작을 받는다.
25	분축(焚祝)	독축자는 지방과 축문을 태워 재를 향로에 담는다.

(5) 명절제사(名節祭祀)

설, 한식, 한가위에 지내는 제사를 말하는데(표 21) 설차례와 기일제는 집에서 지내고 한식과 한가위는 묘지에서 지내는 것을 말한다. 그러나 집에서 지내는 경우도 많다.

〈표 21〉 기제와 차례의 차이

구 분	기일 제사	차 례
날 자	조상이 돌아가신 날	명절: 설날, 추석 등
시 간	밤(돌아가신 날 0시 또는 일몰 후)	낮(오전)
대 상	돌아가신 분의 직계존속 (예: 4대손까지)	기일제를 받드는 모든 조상
장 소	자택	자택 및 사당이나 묘지
음 식	메, 갱(羹)및 제수(祭羞)	제수와 명절 음식 · 설날 – 떡국 · 한식 – 화전, 쑥떡 · 한가위 – 송편
헌주와 축문	독축(讀祝)과 삼헌(三獻)	무축, 단헌(단잔)
적(炙)	헌주(獻酒)할 때마다 적(炙)을 세 번 올림[肉炙, 魚炙, 鷄炙]	진잔(술 올림) 때 3적을 한꺼번에 올림

1) 설(추석) 차례(茶禮)

다음의 절차를 제외하고는 기제사의 절차와 같이 진행한다(표 22, 그림 36~). 한편 메 대신 떡국(송편)을 올린다.

〈표 22〉 설차례 절차의 예시

순서	절 차	내 용
1	변복서립(變服序立)	참례자는 예복으로 갈아입고 손을 씻은 후 공손한 자세로 선다. 이 때 남동여서(男東女西)로 구분하여 선다. 주인과 주부를 제외한 남녀는 설(추석)빔으로 성장(盛裝)하는 것도 좋다.
2	강신뇌주(降神酹酒)	술을 땅에 부어 적셔서[酹酒灌地] 지하에 계실 조상의 백(魄)을 모시는 절차이다. 뇌주는 세 번 나누어 모두 다 비운다.
3	헌관(單獻)	주인이 술잔을 올린다음 재배한다.
4	시립(侍立)	주인이하 7~8분간 공수하고 공손히 서 있는다.

▶ 참례자의 설빔

▶ 진설준비

〈그림 36〉 설차례의 예

▶ 진설례

▶ 참신례

▶ 초헌례

▶ 설 차례후 세배

▶ 세배 후 덕담하기와 듣기

〈그림 36 계속〉 설차례의 예

2) 한식 차례 절차

다음의 절차를 제외하고는 설 차례의 절차와 같이 진행한다(표23).

〈표 23〉 한식 차례 절차의 예시

순서	절 차	내 용
1	쇄소봉영(灑掃封塋)	묘지봉분과 제단주변을 청소한다.
2	강신뇌주(降神酹酒)	묘지에서는 땅바닥에 술잔을 세 번 붓는다.
3	진찬(進饌)	화전(花煎)이나 쑥떡을 쓰고 3炙을 같이 올린다.
4	정저(正箸)	주부가 나가 젓가락을 시접에 걸치고 4배한다.
5	하저(下箸)	주부가 몸을 굽혀 예하고 젓가락을 내려 시접에 담는다.

(6) 세일사(歲一祀: 祭)

세일사는 1년에 한번만 지내는 제사[時祭=時祀]라는 뜻이다. 묘지 앞에서 지낸다하여 묘제라고도 한다. 고조(高祖)까지 기제사를 지내므로 오대조이상에게 지낸다(그림 37). 봉사자손(奉祀子孫)은 자손이 많기 때문에 문중(門中)을 형성하여 주인도 문중 대표가 되기도 한다.

1) 시기(時期)

대개 추수가 끝난 음력 10월 중의 하루를 지정해서 지낸다. 윗대조상을 먼저 지내고 아랫대조상을 뒤에 지낸다.

2) 장소(場所)

원칙적으로 해당조상의 묘지에서 지낸다. 만일 묘지가 없어 제단을 모셨으면 제단에서 지낸다. 더러는 묘지도 없고 제단도 없으면 위패를 사우(祠宇)에 모시고 지내며, 사우도 없으면 편리한 곳에 지방(紙榜)을 모시고 지내기도 한다.

3) 절차(節次)

세일사의 상차림과 절차는 기제와 같으나 다음 몇 가지가 다르다.

① 기구(器具): 묘지에서 지내므로 병풍(屛風), 교의(交椅), 신위(神位), 모사(茅沙)가 필요 없고, 제상 위에 차일(遮日)을 친다.

② 주인(主人), 주부(主婦): 제주(祭主)는 꼭 장자 손이어야 하는 것이 아니고 문중 대표가 되기도 하며, 세일사에는 부녀들의 참사가 어려우므로 꼭 주인의 아내인 주부가 아헌을 하는 것은 아니다.

③ 순서: 묘지에서 지내기 때문에 유식(侑食), 첨작(添酌), 합문(闔門), 계문(啓門)의 절차가 없고, 초헌시 계반개(啓飯開)와 동시에 삽시정저(插匙正箸)를 한다.

④ 홀기(笏記): 여러 자손이 함께 지내기 때문에 행동 통일을 기하기 위해 모든 절차와 동작을 적은 홀기를 읽으며 행례하는 경우가 많다.

4) 제관(祭官)의 분장(分掌) 설명

① 제관(祭官): 제사에 참여하는 남녀 종친

② 장의(掌議): 종중(宗中)을 대표하여 제례를 주관하는 종회장

③ 집례(執 禮): 홀기(笏記)를 낭독하는 제관

④ 초헌관(初獻官): 제수 진설의 점검. 분향례, 강신례, 참신례, 초헌례 및 음복례를 봉행(奉行)하는 제관

⑤ 아헌관(亞獻 官): 두 번째 잔을 올리는 제관

⑥ 종헌례(終獻 禮): 세 번째 잔을 올리는 제관

⑦ 축관(祝官): 축문을 맡아 읽는 제관

⑧ 좌 집사(左 執事): 헌관의 왼쪽에서 헌관을 보좌하는 제관

⑨ 우 집사(右 執事): 헌관의 오른쪽에서 헌관을 보좌하는 제관

5) 사당(祠堂)에서 합동 봉행하는 세일제 순서(笏記)

1. "지금부터 ○○○○년 ○○○○○ 할아지 외 ○○ 분의 선대 조에 대한 합동세일 제(추향 제)를 봉행(거행)하겠습니다."
2. "초헌관, 아헌관, 종헌관, 축관 및 집사는 차례대로 손을 씻고 차례대로 서시오."
3. "축관은 초헌관을 인도하여 동문(東門=東階: 右則門)으로 들어가 진설된 제수를 점검 하시오. 헌관은 향상(香床) 앞에서시오. 양 집사는 헌관의 좌우에 서시오."
4. "강신 례(降神 禮)를 행하겠습니다. 초헌관은 향상 앞에 꿇어 앉아 분향(焚香: 三上香)하고 재배하시오. 다시 앉으시오."
5. "좌 집사는 잔을 내려 헌관에게 드리시오. 우 집사는 꿇어 앉아 제주를 따르시오."
6. "헌관은 제주를 모사(茅沙)에 세 번 지우시오[灌于地]. 좌 집사는 잔을 받아 다시 올려놓으시오."
7. "헌관은 일어나 재배하시오."
8. "참신 례(參神 禮)를 행하겠습니다. 참신 례는 신위를 모시고 처음 올

리는 제례입니다. 제관들 일동 재배 하시오."

9. "초헌례(初獻禮)를 행하겠습니다. 초헌관은 향상 앞에 꿇어앉으시오. 좌 집사는 잔을 내려 헌관에게 드리시오. 우 집사는 제주를 따르시오."
10. "헌관은 잔을 들어 헌작(獻酌)하시오. 좌 집사는 잔을 받들어 신위 전에 올리시오."
11. "좌 우 집사는 신위 앞의 모든 잔에 차례대로 제주를 따르시오."
12. "진적 례(進炙禮)를 행하겠습니다. 우 집사는 육적(肉炙)을 헌관에게 드리시오."
13. "헌관은 육적을 받아 올리시오(進炙)."
14. "좌 우 집사는 모든 제기(祭器)의 덮개를 열고, 수저(匙箸)를 가지런히 한 다음 물러가시오(啓飯蓋整箸)."
15. "독축 례를 행하겠습니다. 모든 제관은 그 자리에 꿇어 엎드리시오."
16. "축관은 헌관의 왼쪽에서 헌관을 향해 앉으시오. 축문을 읽으시오."
17. "헌관과 모든 제관은 일어서시오."
18. "헌관은 재배한 다음 서문(西門=西階: 左則門)으로 나가 자리에 서시오."
19. "아헌례를 행하겠습니다. 아헌관은 동문으로 들어가 향상 앞에 꿇어앉으시오. 좌 우 집사는 잔을 내려 헌관에게 드리시오. 헌관은 잔을 받아 퇴주 하시오, 우 집사는 제주를 따르시오."
20. "헌관은 잔을 들어 헌작하시오. 좌 집사는 잔을 받들어 올리시오."
21. "우 집사는 신위 앞의 모든 잔을 차례대로 퇴주한 다음 다시 잔에 제주를 따르시오."
22. "진적 례를 행하겠습니다. 우 집사는 계적(鷄炙)을 헌관에게 드리시오."
23. "헌관은 계적을 받아 진적하시오. 좌 집사는 계적을 받들어 올이시

오."

24. "헌관은 일어서 재배한 다음 서문으로 나가 자리에 서시오."

25. "종헌례(終獻禮)를 행하겠습니다. 헌관은 동문으로 들어가 향상 앞에 꿇어앉으시오. 좌 집사는 잔을 내려 헌관에게 드리시오. 헌관 은 잔을 받아 퇴주 하시오. 우 집사는 제주를 따르시오."

26. "헌관은 잔을 들어 헌작하시오. 좌 집사는 잔을 받들어 올리시오."

27. "좌 우 집사는 신위 앞의 모든 잔을 차례대로 퇴주한 다음 다시 잔에 제주를 따르시오."

28. "진적 례를 행하겠습니다. 우 집사는 어적(魚炙)을 헌관에게 드리시오."

29. "헌관은 어적을 받아 진적하시오. 좌 집사는 어적을 받들어 올리시오. 좌 우 집사는 수저를 모든 면기에 차례로 꽂으시오."

30. "헌관은 일어서서 재배한 다음 서문으로 나가 자리에 서시오."

31. "숙사례(肅俟禮)를 행하겠습니다. 숙사 례는 신께서 운감(殞感)하시는 동안 엄숙한 마음으로 기다리는 제례입니다. 모든 제관은 고개를 숙여 수사하시오. 바로 하시오."

32. "좌 우 집사는 모든 제기의 덮개를 덮고 수저를 거둔 다음 물러서시오."

33. "사신 례를 행하겠습니다. 시신 례는 신위께 물러감을 고하는 마지막 제례입니다. 일동 재배 하시오."

34. "음복례(飮福禮)를 행하겠습니다. 초헌관은 향상 앞에 나아가 우칙에서 중앙을 향해 앉으시오."

35. "축관은 제주 한잔과 마른안주를 가져다 마주앉아 헌관에게 드리시오. 헌관은 이를 받아 음복하시오."

36. "좌 우 집사는 모든 제기를 조금 뒤로 물린 다음 모든 위패의 덮개[櫝蓋: 독개]를 덮으시오."

37. "이상으로 세일 제(추향 제)를 모두 마치겠습니다."

▶ 묘소의 세일사

▶ 사당의 세일사

▶ 제단의 세일사①

▶ 제단의 세일사②

〈그림 37〉 세일사의 예

(7) 축문(祝文)

1) 기제사(忌祭祀)

축문은 신명 앞에 고하는 글이며 그 내용은 제위 분께 간소한 제수나마 흠향하시라는 뜻을 고하는 글이다. 그러므로 한문의 뜻을 풀이하면 잘 이해할 수 있다. 지금은 한글로 알기 쉽게 쓰기도 하며 크기는 가로 25cm 세로 36cm 정도의 크기로 한다.

① 부모 기제사 축문

〈표 24〉 부모 기제사 축문의 예와 해설

축문	내용 해설
維 유 歲次干支某月干支朔某日干支孝子 세차간지모월간지삭모일간지효자 敢昭告于 감소고우 顯考學生府君(조부모: 현조고, 현조비) 현고학생부군 顯 妣孺人(全州 李氏) 歲序遷易 현 비유인 세서천역 顯考 諱日復臨 追遠感時 昊天罔極 현고 휘일부임 추원감시 호천망극 (그외 경우: 不勝永慕) 謹以淸酌 庶羞恭伸 奠獻尙饗 근이청작 서수공신 전헌상향	유(維): 이어 내려온다는 뜻. 세차(歲次): 해의 차례라는 뜻. 간지(干支): 간지는 천간과 지지의 육십갑자 그해의 태세를 쓴 것임. 간지삭(干支朔): 제사달의 음역 초하루라는 뜻으로 초하루의 일건(日建)을 쓴다. 효자(孝子): 큰아들, 작은아들은 자(子), 큰손자는 효손(孝孫), 작은손자는 손(孫)이라고 쓴다. *감소고우(敢昭告于): 삼가 밝게 고한다는 뜻, 아내의 경우 감(敢) 자를, 아들의 경우는 감소(敢昭) 두자를 쓰지 않는다.

② 부모 조부모 기제사 한글 축문

〈표 25〉 부모 조부모 기제사 한글 축문의 예

부모	조부모
2008년 음○○월○○일 불효자(손) ○○○는 삼가 아뢰옵나이다. 아버님(어머님)께서 별세하시던 날을 마지하오니, 추모의 정을 금할 수 없습니다. 삼가 간소한 제수를 드리오니 강림하시어 흠향 하옵소서.	2008년 음○○월○○일 효손○○○는 삼가 아뢰옵나이다. 할아버지님 돌아가신 날을 다시 맞이하게 되오니 영원토록 사모하는 마음을 이기지 못하여 삼가 맑은 술과 몇가지 음식으로 공손히 제사를 드리오니 흠향하옵소서.

2) 산신제 축문

〈표 26〉 산신제 축문(개장, 이장)의 예

축문	한글 축문
維 유 歲次干支某月干支朔某日干支幼學 세차간지모월간지삭모일간지유학 ○○敢昭告于 감소고우 土地之神今爲某官某公 宅兆不利 토지지신 금위모관모공 택조불리 將改葬于 此神其保佑 俾無後艱 장개장우 차신기보우 비무후간 謹以淸酌 脯醯祇薦 于神 尙饗 근이청작 포혜지전 우신상향	○녀○월○일○○는 삼가 토지 지신에게 고하나이다. 이제○○ 묘를 마련하오니 신께서는 보호하시고 도우셔서 후환이 없게 하소서. 삼가 주과와 포혜로서 천신하오니 흠향하소서.

3) 시제 축문

〈표 27〉 시제(세일제, 추향제) 축문의 예

축문	한글 축문
維 유 歲次干支某月朔某月某日干支○○ 세차간지모월삭모월모일간지 代孝孫(합동 제: 종손. 종회장등) 대효손 ○○ 敢昭告于 감소고우 顯高祖考某官府君(합동 제: 세대 현고조고모관부군 순으로 현○세조고. 현○대조고, 비로) 顯高祖妣孺人金海金氏之墓(靈) 현고조비유인김해김씨지묘(영) 氣序流易 霜露旣降 瞻掃封塋 기서유역상로기강 첨소봉영 不勝永慕 謹以淸酌 庶羞祇薦 歲事 불승영모 근이청작 서수지천 세사 (附=配字: 여러 위 때 넣는 가문도 있음)尙饗	오늘○○○○년○월○일 현손(○대손. ○세손. ○○종회장 등) ○○는 삼가 고조고 비에게 (여러 존령께) 고하나이다. 계절이 바뀌어 이미 찬 서리가 내리니 숭모하는 마음 사무쳐 삼가 맑은 술과 여러 가지 음식으로 제사를 올리오니 흠향 하옵소서. 『세속의 변화에 따라 추향제는 합동 제단, 사당, 재실등에서 간편하게 봉행하는 추세이고 축문 내용도 문중의 관례에 따라 차이가 있다. 』

4) 기타

〈 이장 파묘축 〉

維
유

歲次干支 某月干支朔 某日干支某親 某官○○敢昭告于
세차간지모월간지삭 모일간지모친모관○○감소고우

顯某親某官府君 葬于玆地 歲月玆久 體魄不寧 今將改葬
현모친모관부군 장우자지 세월자구 체백불녕 영장개장

伏維尊靈 不震不驚 謹以酒果 用伸虔告 謹告
복유존영 불진불경 근이주과 용신건고 근고

〈 석물 세울때 축 〉

維
유

歲次干支某月干支朔某日干支孝子○○敢昭告于
세차간지모월간지삭모일간지효자○○감소고우

顯某官府君(합장이면 列書) 伏維尊靈 是照是安 伏以財力
현모관부군 열서 복유존영 시조시안 복이재력

不逮儀物 多闕謹具 某物 用衛墓道 伏維尊靈 是憑是安
불체의물 다궐근구 모물 용위묘도 복유존영 시빙시안

謹以酒果 用伸虔告 謹告
근이주과 용신건고 근고

〈 석물 세울때 산신 축 〉

維
유

歲次干支某月干支朔某日干支 幼學○○敢昭告于
세차간지모월간지삭모일간지 유학○○감소고우

土地之神 今爲某官 諱某之墓 謹具石物 用表墓道 神其保佑
토지지신 금위모관 휘모지묘 근구석물 용표묘도 신기보우

俾無後艱 謹以酒果 祇薦于神 尙饗
비무후간 근이주과 지천우신 상향

(8) 종교 추도식(宗敎 追悼式)

1) 천주교식(天主敎式)

천주교에서는 고인이 사망한 날로부터 3일, 7일, 30일째 되는 날마다 연미사를 드린다. 제삿날이 돌아오면 사제를 초빙하여 성당이나 가정에서 영성체 및 고해의 위령미사를 올린다. 행사가 끝나면 사제와 참석자들에게 감사의 인사를 드려야 하며, 미사에 따른 봉헌 예물을 바친다. 묘지방문 의식도 있다.

2) 기독교식(基督敎式)

기독교에서는 원래 전통적인 형태의 제사를 지내지 않는다. 다만 기일이 돌아오면 가족과 친지들이 한자리에 모여서 추도 예배를 드린다. 추도식순의 예는 다음과 같다.

① 찬송9 대체로 423장이나 510장을 부른다.)
② 기도(주례, 목사)
③ 성경 봉독(열왕기상 2장 1절에서 3절까지, 잠언 3장 1절에서 10절까지, 누가복음 16장 19절에서 31절까지, 계시록 21장 1절에서 8절까지를 목사가 낭독한다.)
④ 기념추도(목사의 고인에 대한 행적, 유훈 등을 설교)
⑤ 묵도(참례자일동이 2~3분 가량 고인의 명복을 빈다.)
⑥ 찬송(대체로 505장을 부른다.)
⑦ 주기도문

3) 불교식(佛教 式)

소기(小朞)와 대기(大朞)를 맞이하거나 고인의 생일이 돌아오면 절을 찾아가 추도식을 갖는다. 추도식순의 예는 다음과 같다.

① 개식 선언

② 삼귀의례(三歸儀禮): 불(佛), 법(法), 승(僧)의 삼보(三寶)에 귀의(歸依)한다는 예를 베푼다.

③ 독경(讀經): 법사(法師)가 반야심경을 읽는다.

④ 묵도: 엄숙하고 경건하게 기도를 드린다.

⑤ 추도문 낭독

⑥ 추도사: 법사가 하며 고인의 약력, 업적, 유훈 등을 추도한다.

⑦ 감상(感想): 내빈 대표가 고인을 추모하고 가족에 대한 위로의 말씀.

⑧ 분향(焚香): 유족. 참례자. -답사(제주 측) -폐식선언

〈그림 38〉 문중 추모제의 예

6. 수연례(壽宴禮)

(1) 의미

어른의 생신에 아래 사람들이 상을 차리고 술을 올리며 오래 사시기를 비는 의식이다.

(2) 종류

아랫사람이 태어난 날은 생일(生日)이라 하고 윗사람의 생일은 생신(生辰)이라 한다.

웃어른의 생신에 자제(子弟)가 약주를 올리며 장수를 비는 의식이 수연례이므로 아랫사람이 있으면 누구든지 수연례를 행할 수 있는 것이다. 이름 있는 생일은 60세 부터이고 그 종류는 (표 28)과 같다.

〈표 28〉 생신과 수연명

생신	수연명	생신	수연명
60	육순(六旬)	77	희수(喜壽)
61	회갑(回甲), 환갑(還甲)*	80	팔순(八旬)
62	진갑(陳, 進甲)	88	미수(米壽)
66	미수(美壽)	90	구순(九旬), 졸수(卒壽)
70	칠순(七旬), 희수(稀壽)	99	백수(白壽)
*다시 60갑자가 펼쳐져 진행한다는 의미이다.			

(3) 절차

어른께 술을 올리는 헌수(獻壽)와 손님을 대접하는 연회(宴會)로 구분하며 그 절차는 다음과 같다.

1) 남녀 자손들이 성장(盛裝)하고 북향(北向, 어른 앞)해 선다.
2) 웃어른이 계시면 아들은 수연당사자의 남성웃어른을 동쪽(어른의 왼편)에, 며느리는 여성웃어른을 서쪽에 앉으시도록 인도한다.
3) 큰아들 내외는 수연당사자 내외를 인도해, 수연상에 대하여 남자 어른은 동쪽에서 서향해 서고 여자어른은 서쪽에서 동향해 마주서도록 한다.
4) 두 분은 평 절로 한번 맞절한다. (참고; 회혼례에서 남자는 재배하고 여자는 4배한다.)
5) 남녀어른은 큰아들 내외의 인도를 받아 동쪽의 남자 웃어른 앞에 가서 술을 한 잔 올리고 절한다.
6) 서쪽의 웃어른에게도 이를 반복한다.
7) 수연당사자는 큰아들 내외의 인도를 받아 각기 정한 자리에 남향하여 앉는다.
8) 아들 내외는 정한 자리에 선다.
9) 모든 자손들이 남자는 재배, 여자는 4배로 큰절한다.
10) 큰 아들 내외는 술상 앞으로 나아가되 아들은 동쪽, 며느리는 서쪽에서 북향하여 꿇어앉는다.
11) 여자 어린이가 잔반을 들어주면 큰아들 내외가 받고, 남자어린이가 큰아들잔과 큰며느리 잔에 술을 따른다.
12) 큰아들은 일어서서 술잔을 받들어 남자어른에게 드리고, 큰며느리

는 일어나서 여자어른에게 올린 다음, 공수하고 서 있는다.

13) 어른이 술을 마시고 잔을 주시면 받아서 술상 위에 놓고 큰아들은 재배, 큰며느리는 4배한다.

14) 큰아들 내외는 꿇어앉고, 큰아들이 헌수한다. "아버지 어머니, 만수무강하시고 오복을 누리시며 저희들을 보살펴 주옵소서."

15) 남녀 어른이 대답한다. "오냐, 고맙다. 너희들의 효성이 지극해 우리가 즐겁구나."

16) 만일 헌수할 자손이 많으면 큰아들 내외가 헌수할 때 큰아들의 자손들은 그 뒤에 늘어서서 함께 절한다.

17) 이어서 작은아들, 딸, 동생, 조카, 기타의 순으로 부부가 나가서 큰아들 내외가 하듯이 헌수한다.

18) 헌수가 끝나면 어른이 일하는 사람에게 이른다. "아이들에게 마실 것을 주어라."

19) 일하는 사람들은 자손마다 음료와 안주가 담긴 쟁반이나 작은 상을 한상씩 준다(자손이 많으면 아들, 며느리, 딸, 사위에게만 주어도 된다).

20) 자손들은 두 손으로 주안상을 받아 바닥에 놓고, 남자는 재배, 여자는 4배한다.

21) 모두 앉아서 음료를 마신다.

22) 남녀 어른이 교훈이나 소감을 말한다.

23) 남녀 어른들이 자손들에게 이른다. "이제 나아가서 오신 손님을 정성껏 대접하라."

24) 남녀 자손이 일어나서 남자는 재배, 여자는 4배하고 각기 상을 들고 나간다.

(4) 회혼례(回婚禮)

회혼이란 혼인한 회갑이란 뜻에서 회혼이라 부르며 부부가 모두 살아 있어야하며 회혼례에서 당사자의 복장은 혼례복으로 한다. 혼인기념일의 회수에 따라 명칭이 다르다(표 15 및 29 참조).

〈표 29〉 결혼주기와 회혼례(요약분)

결혼주기	회혼례명	결혼주기	회혼례명
30	진주혼(眞珠婚)	45	홍옥혼(紅玉婚)
35	산호혼(珊瑚婚)	50	금혼(金婚)
40	녹옥혼(綠玉婚)	60	회혼(回婚), 금강석혼(金剛石婚)

※제 4장 가정의례 중 결혼기념일표 참조

7. 백일과 돌

새 생명이 태어난 후 100일째 되는 날과 1년이 되는 날을 각기 백일과 돌이라고 한다. 모두 건강한 성장을 축하하는 행사이다.

(1) 백일

백일잔치는 아기를 출생한지 백일이 되는 날, 백설기 수수경단, 송편 따위의 떡과 미역국, 나물, 흰밥을 중심으로 음식을 차린 후 가까운 친지, 친척들과 함께 아기의 성장을 축하하는 잔치를 말한다.

옛 관습에 의하면 이날 떡을 해서 이웃 백 가구에 돌려야 아기가 무병장수 한다면서 떡을 돌렸다. 백(百)이라는 숫자는 온전함을 뜻하며 또한 더할 나위 없이 많다는 풍부함을 의미한다. 그래서 예로부터 백년장수(百年長壽), 백년해로(百年偕老), 백년대계(百年大計) 같은 숫자로 만든 성어들이 있다. 백일에는 기념사진을 찍는데 어머니가 안고 같이 찍어도 좋고, 요즘은 대체로 혼자서도 많이 찍는다.

(2) 돌

돌이 되면 아이도 제법 성장하여 제 마음대로 일어나 앉으며, 성장이 빠른 아이는 걸음도 걷기 시작한다.

돌날에는 가족과 친척, 인근 친지가 모여 축하연을 베풀고, 돌상을 차린다. 돌상에는 쌀, 국수, 떡, 대추, 돈, 책, 지필(붓과 벼루), 청실, 홍실, 활, 실 등의 물건을 놓아 돌을 맞은 아이가 이를 집도록 하는데 이를 돌잡이라고 한다. 아이가 먼저 집는 물건에 따라 관련 분야의 훌륭한 성장을 기원한다. 즉, 돈을 집으면 후에 큰 부자가 되고, 책이나 지필을 집으면 문장가가 되며, 국수나 실은 장수하고, 활을 집으면 용맹한 사람이 된다고 한다.

이날 장만한 돌떡은 친척과 이웃에게 나누어 주는데 돌떡을 받은 집에서는 그냥 받아먹지 아니하고 돈, 쌀, 의복을 보내서 축하하고 수명장수와 부귀영달을 빌어준다.

1) 아기의 차림새

가. 아들

① 엷은 가지색 바지에 연두색 저고리

② 남색 조끼와 연두색 마고자

③ 분홍 두루마기에 남색 금박(金箔)의 다홍 띠를 맨다.

④ 검정색 복건, 쾌자(快子)와 복건(幞巾)은 보통 갑사(甲紗) 감으로 만든다.

⑤ 누비버선, 버선코에 수를 놓는다.

⑥ 수놓은 주머니

나. 딸

① 노란 단속곳에 다홍(또는 진분홍)치마

② 노란 잣 호장 저고리

③ 남색 배자(褙子)

④ 수놓은 누비버선

⑤ 수놓은 작은 염장(艶裝)과 갖가지 노리개 – 장도(長刀), 은 괴불주머니, 북 또는 은에다 칠보를 칠한 것.

⑥ 금박 조바위

⑦ 오복 주머니

2) 돌상 차리기

돌상에 차려놓는 음식과 물건은 모두 축복의 뜻이 담겨 있다.

① 떡 – 백설기(또는 무지개떡)와 수수경단, 송편을 큰직한 접시나 쟁반에 담아 앞면 가운데에 놓는다(부의 축적).

② 과실 – 사과, 배 등 생과실과 대추를 그릇에 담아 앞면 양쪽에 놓는다(자손의 번창).

③ 쌀 – 한 가운데에 널찍하게 담아 놓는다(부의 축적).

④ 실타래 – 청실, 홍실 또는 무명실을 쌀 위에 놓는다.

⑤ 붓과 책 – 쌀 오른쪽에 놓는다(훌륭한 학업 성취).

⑥ 활과 화살 – 쌀 왼쪽에 놓는다.

⑦ 돈 – 실타래 옆에 놓는다(부의 축적).

3) 돌잡이

돌상 앞에 아이를 세우고 무엇이던 마음대로 집도록 하여 제일 먼저 집는 것으로 그 아기의 앞날을 점치면서 축복하는 행사이다.

4) 돌 선물

아기가 첫돌 후에는 외출도하고 장난감을 가지고 놀기도 하게 된다. 이런 의미에서 돌날 선물은 각자의 형편과 분수에 맞게 하는 것이 좋다.

① 의류 – 풍속에 의하면 구두나, 신은 고모가 사다주면 좋다고 하나, 특별한 뜻은 밝혀지지 않고 있다.
② 장난감
③ 식품류 – 오래도록 두고 먹을 수 있는 간식용이 좋다.
④ 은수저
⑤ 돌 반지

8. 우리나라 세시풍속(歲時風俗)

음력을 기준으로 한 우리나라 명절은 거의 매달마다 있고, 각 명절마다 세시 풍속이 있다(표 30). 월일이 같은 홀수인 날(1월 1일, 3월 3일, 5월 5일, 7월 7일, 9월 9일 등)과 달(月)이 차는 보름날(1월 15일, 6월 15일, 7월 15일, 8월 15일 등)이 명절임을 알 수가 있다. 달마다 명절이 있고 그 명절이 있는 계절에 알 맞는 놀이와 먹 거리, 예절 등의 풍속이 다양하게 전해지고 있으며, 우리나라가 큰 명절로 지켜온 4대 명절은 설날, 한식, 단오, 한가위이다.

〈표 30〉 음력 월별 세시풍속 요약

월	세시풍속
1	1일이 설날이고 15일이 대보름(上元日)이며, 계절이 시작되는 입춘(立春)이 있다.
2	조상의 산소를 돌보는 한식(寒食)과 대동강도 풀린다는 경칩(驚蟄)이 있다.
3	3일이 강남 갔던 제비가 돌아온다는 삼짇날이다.
4	8일이 부처님이 오신 날 파일이다.
5	5일 단오절(端午節)이다.
6	15일 유두(流頭)날 동쪽에 흐르는 물에 머리를 감아 더위를 이겨낸다.
7	7일이 칠석(七夕)이고, 15일이 백종(百種 또는 伯仲)이다.
8	15일이 한가위(嘉優, 嘉俳), 추석(仲秋節)이다. 여기서 '한' 은 큰(大)대를 의미하며, 추석은 신라 유리왕(儒理王)때 부터 유래 되었다.
9	9일이 중양절(重陽節)이다.
10	3일이 상월(上月)이고, 문중에서는 윗대 조상의 세일제를 지내는 날이다.
11	낮이 가장 짧고 팥죽을 먹는 동지(冬至)가 있다.
12	환약(丸藥)을 짓는 날인 납일(臘日)이 있고, 그믐날을 제석(除夕)이라고 한다.

9. 맺는말

일상생활을 통하여 늘 예절을 같이하여 왔으면서 그대로 흘려버렸던 이 "생활에티켓"을 다시 한 번 되돌아보는 계기가 되었으리라 생각된다. 특별한 것이 아니고 평범하게 그저 예스러운 생각만 가졌더라면 그것이 바로 생활예절을 실천하는 일임을 알 수 있을 것이다.

본 교재를 통하여 이제까지 내 자신은 미흡한 점이 없었는지 되돌아보는 계기가 되었으리라 믿으며 앞으로 일상생활을 통하여 자기수양(自己修養)과 자기관리(自己管理)를 해 나가는데 작은 도움이 된다면 그 얼마나 다행스러운 일이겠는가? 이것이 향기로운 삶의 시작이요, 품격있는 삶을 위한 생활예절을 지켜나가는 길이 될 것이다.

나 혼자만의 편리함을 위하여 다른 사람에게 불편을 주었던 일은 없었는지 생각해 보면서 끊임없는 인격도야(人格陶冶)와 학술연마(學術鍊磨)로 미래의 승리자가 되어야 할 것이다.

옛날 말에 신언서판(身言書判)이라는 말이 있지만 여기에 예(禮)가 더 포함되어야 한다고 생각해 본다. 왜야하면 아무리 훌륭한 사람이라도 '예'의 본질인 친절(親切)과 겸손(謙遜)이 없이는 훌륭한 인격자라고 말 할 수 없을 것이다. 만일 오만하고 독선적 이라면 제아무리 재능이 많다 해도 정평은 좋지 않을 것이다.

이제 우리는 보이지 않는 이 예절의 힘이 시사(示唆)하는 바가 크다는 것을 확인할 수 있는 바 첫째로 '예' 스러운 마음(겸손)과 그리고 바른 행동(좋은 습관) 그리고 편견 없는 원만한 대인관계가 서로 조화를 이룰 때만이 법이 없어도 살 사람이라는 격조 높은 사람대접을 받을 수 있을 것이다.

이제 배웠으면 습(習)을 하자. 우리는 사람다운 도리를 지키기 위해 항상 노력하고, 공부하며, 실천하는 사람이 되어야 한다. 이렇게 다듬어진 정신을 형상화하는 것이 바로 예절이다.

내 자신부터 내 가족, 그리고 주변으로 예화(禮化)해 나간다면 이것이 바로 보람된 삶이요 아름다운 삶의 지름길이 될 것이다.

부록

Ⅰ. 어린이 기본예절

Ⅱ. 한국인 성씨의 유래

Ⅲ. 족보(族譜)보는 법

Ⅳ. 보첩(譜牒)에 대한 상식

Ⅴ. 묘소의 비석과 정문(旌門)

Ⅵ. 경조사(慶弔事) 인사단자(單子)

Ⅶ. 송사(頌辭) 사례

Ⅷ. 삼강(三綱) 오륜(五倫)

Ⅸ. 기타

1. 예절이란?

(1) 예절의 의미

예의범절(禮儀凡節)의 준말로서 행동의 기준이 되는 바른 마음가짐과 바른 몸가짐을 의미한다. 남을 배려하고 상대방을 편안하게 하는 것이 바로 예절이다. 아는 것보다 행동으로 실천하는 것(습관)이 중요하고 마음속에 담고 있는 것을 실제로 나타낼 수 있도록 하는 것이 바른 예절이다.

(2) 예절의 필요성

물질문명의 발달과 함께 쉽고 편안한 것을 추구하면서 예절과 미풍양속이 그 빛을 잃어가고 있는 이때 상대방을 배려하고 양보하는 마음을 갖게 하는 기초적인 예절을 지도하고, 우리의 전통예절을 교육함으로서 자라나는 세대가 바른 예절을 실천하여 밝고 명랑한 사회를 만들어나가도록 하여야 할 것이다.

옛날에 세살 버릇이 여든까지 간다 하였다. 어려서부터 좋은 버릇(습관) 착한 행동을 길러주는 것은 잘 먹이고 잘 입히는 그것보다면 훗날에 훌륭한 인재를 키우는 것이 더 중요할 것이다. 우리 부모들은 바르고 튼실하며 지혜로운 어린이로 육성해야 한다.

(3) 이솝의 우화

'이솝' 의 우화에 늑대가 황새에게 음식을 대접하는데 국물을 접시에 담아서 상을 차렸다. 주인인 늑대는 국물을 핥아먹을 수 있었지만 손님인 황새는 부리가 길어 먹지 못하였다. 늑대가 황새의 생활방식을 배려하지 않은 예로서 예절의 필요성을 강조한다.

2. 기본예절

(1) 소중한 나

사람은 각자 모습이 다르고, 목소리, 마음, 성격 또한 다르다. 지구상에 많은 사람들이 살고 있지만 나와 똑같은 사람은 아무도 없다. 그래서 나는 매우 귀하고 소중한 존재이다. 소중한 나에 대하여 알아보자.

* 나의 이름은 ○○○
* 부모님의 사랑스러운 (아들 / 딸)이고
* ○○○○학교 ○학년 ○○반 ○○번이며

* 서울특별시 ○○○구 ○○동 ○○번지 ○○통 ○○반 살고 있는 시민입니다.

그러나 나는 혼자 살지 못하고 가족, 친구, 이웃들과 함께 산다. 함께 살기 위해서는 서로가 약속해 놓은 생활방식인 예절을 지켜야 한다. 나와 다른 사람의 만남에서 가장 중요한 것이 예절이다.

〈표 1-1〉 나의 가족관계

친가			외가		
관계	존함	생년월일	관계	존함	생년월일
할아버지			외할아버지		
할머니			외할머니		
아버지			어머니		
작은아버지			외숙부		
작은어머니			외숙모		
고모			이모		
고모부			이모부		

(2) 인사와 바른 몸가짐

바른 몸가짐은 자신을 아끼고, 존중하고 사랑하는 마음에서 온다. 바른 마음가짐은 우리 모두를 기쁘고, 가깝고, 행복하게 한다. 예절은 꾸밈이 없고 자연스러워야 하며 때와 장소에 맞아야 한다. 모든 예절은 인사로 시작하여 이사로 끝난다.

인사는 내가 먼저, 상대방을 바라보고 밝은 표정과 맑은 목소리로 상황에 맞게, 정성을 담아서 인사한다.

(3) 고전의 구사와 구용

고전(古典)에 나타난 바른 마음 갖기를 내가 잘 이해하고 실천하는지 알아보자.

〈표 1-2〉 고전의 구사

구사(九思)	의미	실천여부
시사명(視思明)	눈으로는 밝고, 바르게 볼 것을 생각한다.	
청사총(聽思聰)	귀로는 말의 참뜻을 밝게 들을 것을 생각한다.	
색사온(色思溫)	표정은 밝고 온화하게 할 것을 생각한다.	
모사공(貌思恭)	몸가짐과 용모는 공손히 할 것을 생각한다.	
언사충(言思忠)	말을 할 때는 진실되고 정직하게 할 것을 생각한다.	
사사경(事思敬)	일을 하거나 어른을 섬길 때에는 공경스럽게 할 것을-	
의사문(疑思問)	의심나는 것이 있으면 물어서 배울 것을 생각한다.	
분사난(忿思難)	화나는 일이 있으면 곤란하게 될 것을 생각한다.	
견득사의(見得思義)	이익을 보면 그것이 옳은가를 생각한다.	
총점		

〈표 1-3〉 고전의 구용

구용(九容)	의미	실천여부
두용직(頭容直)	머리는 곧고 바르게 들어 의젓한 자세를 가진다.	
목용단(目容端)	눈은 단정히 하고 정면을 바라보며 곁눈질을 하지 않는다.	
기용숙(氣容肅)	호흡을 조용히 고르게 한다.	
구용지(口容止)	말하거나 음식을 먹을 때를 제외하고는 입을 조용히 다문다.	
성용정(聲容靜)	말소리는 나직하고 조용하게 해야 하며, 시끄럽거나 수선스럽게 하지 않는다.	
색용장(色容莊)	얼굴빛은 장엄하게 가져야 한다.	
수용공(手容恭)	손을 필요 없이 움직이지 않으며, 일이 없을 때는 두 손을 모아 공손하게 잡는다.	
족용중(足容重)	걸을 때는 신중하게 한다. 그러나 어른의 지시로 일을 할 때는 민첩하게 움직인다.	
입용덕(立容德)	서 있는 모습은 의젓하게 가져야 한다.	
총점		

※ 구사, 구용 실천사항은 평소에 스스로 반성하는 것이다.

◆ 잘 지켰을 경우: 10점 ◆ 보통일 경우: 7점

◆ 부족할 경우: 5점 ◆ 예절수업 참가자: 기본 10점

(4) 좋은 버릇 익히기

1) 잠자리

① 자기 전에 어른께 "안녕히 주무세요." 라고 인사한다.

② 아침에 깨우지 않아도 스스로 일어난다.
③ 아침에 일어나 어른께 "안녕히 주무셨어요?" 라고 인사한다.
④ 옷은 혼자 입고, 이불도 스스로 개게 한다.

2) 학교가기

① 책가방은 미리 챙기게 하고, 책상도 언제나 바르게 정리하도록 한다.
② 학용품을 아껴 쓰고, 용돈을 절약하여 저금하는 버릇을 길러 준다.

3) 착한행동하기

① 어른들 심부름 잘하고, 엄마 일도 도와드린다.
② 밖에 나갈 때는 반드시 ○○에 갔다 오겠습니다하고, 돌아와서는 다녀왔습니다. 라고 한다.
③ 어른이 나가실 때는 따라 나와서 인사하고, 돌아오셨을 때도 다녀 오셨어요 라고 인사한다.
④ 이웃에 사는 어른께 보는 대로 인사하고, 집배원아저씨, 소방관아저씨, 경찰관아저씨, 의사선생님께도 안녕하십니까? 하고 인사를 잘한다.
⑤ 집안 청소도 돕고, 화분 물주기, 먼지 털기, 애완동물 밥 주기도 시켜 본다.

4) 좋은 습관 기르기

① 일찍 자고 일찍 일어난다.
② 세수하고 밥 먹는다(밥 먹고서 3분 안에 이 잘 닦는다).

칙칙 치카푸카 치카푸카 칙칙 칙칙 치카푸카 치카푸카 칙칙
이 잘 닦는 어린이는 착한 어린이 치카치카
반짝 반짝 하얀 이는 예쁜 어린이
칙칙 치카푸카 치카푸카 칙칙 칙칙 치카푸카 치카푸카 칙칙
하루에 세번 삼분 동안 밥먹고서 삼분 안에
꼭꼭 꼭꼭 닦아요
깨끗하게 이 닦는 나는 나는 건강한 어린이

③ 밖에 나갈 때는 부모님의 허락을 받는다.
④ 부모님의 말씀을 잘 듣는다.
⑤ 동생을 잘 보살핀다.
⑥ 비디오를 너무 많이 보지 않는다.
⑦ 선물을 사달라고 조르지 않는다.
⑧ 예쁜 얼굴, 예쁜 말만 한다.
⑨ 친척집에 갔을 때는 인사를 잘 한다.
⑩ 위험한 곳에서 놀지 않는다(위험한 장난을 하지 않는다).

(5) 바른 마음과 표정

표정은 마음의 창이다. 바른 표정 짓기 위해 미소 띤 얼굴, 따뜻한 눈길, 자연스러운 입모양을 생활화 하여야 한다.

1) 미소 띤 얼굴

① 때와 장소에 맞는 표정을 한다.

② 웃어른 앞에서 온화한 표정을 한다.

③ 친구에게는 명랑하고 밝은 얼굴을 한다.

2) 따뜻한 눈길

① 어른 앞에서는 어른의 목 부분을 쳐다본다.

② 친구와 이야기할 때는 친구의 얼굴을 본다.

③ 곁눈질 하거나 아래위로 훑어보지 않는다.

3) 자연스런 입모양

① 입은 자연스럽게 다문다.

② 말을 할 때는 입을 가리지 않는다.

③ 하품이나 재채기를 할 때는 손으로 입을 가린다.

(6) 바른 자세

1) 어른 앞에서 바닥에 앉을 때

① 왼쪽 무릎을 꿇은 뒤 오른쪽 무릎을 꿇어서 나란히 붙인다.

② 남자의 왼발, 여자의 오른 발이 앞이 되게 발등을 포갠다.

③ 두 손은 공수한다.

④ 어른이 편히 앉으라고 하면 편히 앉는다. 이때 남자는 공수한 손을 가운데에, 여자는 오른 무릎위에 얹는다.

2) 방석에 앉을 때

① 방석의 가운데에 무릎을 꿇고 앉는다.

② 일어설 때는 두 손으로 방석을 집어 원래 자리에 놓는다.

③ 방석을 밟지 않도록 조심한다.

3) 의자에 앉을 때

① 소리 나지 않게 한손으로 의자를 빼어내어, 의자 깊숙이 허리를 펴고 앉는다.

② 일어설 때는 엉덩이를 조금 들어 의자를 뒤로 밀고 한쪽으로 서서 의자를 조용히 밀어 넣는다.

4) 설 때

① 상체를 바르게 하고 몸의 무게가 양쪽 다리에 고루 실리게 한다.

② 어깨는 힘을 빼고 얼굴은 똑바로 정면을 향한다.

③ 표정은 밝고 부드럽게, 입은 가볍게 다문다.

④ 평상시 남자는 손을 가볍게 쥐어 허리선에, 여자는 공수자세를 한다.

⑤ 발뒤꿈치는 모우고 두발의 각도는 45도 정도 벌린다.

⑥ 어른 앞에서는 남자, 여자 모두 공수 자세를 한다.

⑦ 시선은 어른의 목 부분을 보며 선다.

5) 걸을 때

① 몸의 무게 중심을 다리와 발에 두되 몸을 흔들지 않고 걷는다.

② 가슴을 펴고 정면을 보며 자연스럽게 걷는다.

③ 남의 앞을 지날 때에는 "실례합니다." "미안합니다." 라고 양해를 구

한다.

④ 어른과 마주쳤을 때는 먼저 지나가시도록 비켜 드린다.

⑤ 다른 사람과 몸이나 옷이 부딪치지 않게 지나간다.

⑥ 실내에서 시선은 자신의 키 정도 앞을 본다.

⑦ 실내에서는 소리가 나지 않게 조용히 걷는다.

⑧ 계단은 소리가 나지 않게 오르내린다.

⑨ 계단은 남자가 여자보다 먼저 올라간다.

⑩ 계단은 여자가 남자보다 먼저 내려간다.

(7) 대인 예절

1) 실내 출입할 때

① "들어가도 좋습니까?" 또는 '노크'를 하여 양해를 구한다.

② 두 손으로 소리 나지 않게 조용히 문을 열고 닫는다.

③ 급하다고 문을 어깨로 밀거나 발로 열면 안 된다.

④ 문턱을 밟지 않는다.

⑤ 상대방이 먼저 출입하도록 양보한다.

2) 여닫이 문 출입할 때

① 문에서 약간 떨어진 곳에 옆으로 선다.

② 손잡이를 틀거나 밀어서 조용히 열고 드나든다.

③ 문을 지나 옆으로 서서 조용히 닫는다.

④ 열리는 쪽을 막지 않는 위치에서 연다.

3) 미닫이문 출입할 때

① 문이 열릴 때 열리는 문짝이 옮겨가는 쪽에 선다.

② 열 때는 잡아당기고 닫을 때는 밀도록 한다.

③ 두 손으로 손잡이 부분을 잡고 열고 닫는다.

4) 물건을 줄 때

① 받는 사람이 받기 편리하게 준다.

② 책, 신문은 글씨를 바르게 볼 수 있게 준다.

③ 음식은 그릇 안쪽에 손이 닿지 않도록 상, 쟁반에 받쳐 준다.

④ 위험한 물건은 손잡이를 잡을 수 있게 준다(예: 가위, 칼).

⑤ 어른께는 반드시 두 손으로 드린다.

⑥ 앉아계신 어른께는 앉아서 드린다.

5) 물건을 받을 때

① 어른으로부터 받을 때는 두 손으로 공손히 받는다.

② 어른이 서서 물건을 주면 서서 받는다.

③ 물건을 받을 때는 "고맙습니다.", "고마워" 라고 말한다.

6) 어른을 대할 때

① 항상 옷매무새를 단정히 한다.

② 어른이 들어오시면 일어나서 맞이한다.

③ 어른이 들어오시는 기척이 나면 방안을 깨끗이 정돈한다.

④ 연세 많으신 어른이 오시면 밖에 나가 맞이한다.

⑤ 어른이 앉으실 자리를 정돈하여 앉으시길 여쭙는다.

⑥ 어른이 편히 앉으라고 권하면 몇 번 사양하다가 앉는다.
⑦ 어른 앞에서 물러날 때는 두어 걸음 뒤로 물러서서 돌아선다.
⑧ 아는 길을 함께 갈 때는 어른의 오른쪽 뒤에서 모시고 간다.
⑨ 어른이 모르는 길을 갈 때는 어른의 오른쪽 앞에서 모시고 간다.
⑩ 차를 타고 내릴 때는 안전하게 부축한다.
⑪ 어른이 출입하실 문은 미리 열어드리고 뒤를 따른다.

7) 단정한 옷차림

① 학생답게 단정하고 깨끗한 옷을 입는다.
② 화려한 옷보다는 검소한 옷을 입는다.
③ 지퍼나 단추는 꼭 잠근다.
④ 몸이 지나치게 드러나는 옷은 입지 않는다.
⑤ 속옷이 밖으로 빠져 나오지 않도록 단정히 입는다.
⑥ 머리모양은 길지 않게 단정히 한다.
⑧ 슬픈 일을 당했을 때는 화려한 색은 피하고 검은색이나 흰색 계통의 옷을 입는다.
⑨ 의식행사에 참여할 때는 의식에 어울리는 옷차림을 한다.
⑩ 양말, 스타킹은 옷차림에 어울리게 골라 신는다.

(8) 부모님 공경하기

나를 가장 아껴주시는 가까운 분이 부모님이시다. 늘 곁에서 잘 보살펴주는 부모님이시기에 나도 모르게 예절을 지키지 않을 수 있다. 그러나 모든 생활의 기본은 가정으로부터 출발하고 하루의 시간을 가장 많이 사용하는 곳이 가정이기 때문에 부모님 공경하기는 예절의 기본이 된다.

1) 기본예절

① 바른 몸가짐과 공손한 말씨를 쓴다.
② 부모님을 부를 때는 "아버지, 어머니"라고 한다.
③ 부모님 말씀을 존중하고, 시키는 일을 꼭 실천한다.
④ 밖에 나갈 때는 알리고, 늦으면 반드시 연락한다.
⑤ 아침저녁으로 문안 인사를 드린다.("안녕히 주무셨습니까?", "안녕히 주무십시오.")
⑥ 방을 드나들 때는 방문을 열기 전에 미리 알린다.
⑦ 부모님이 앉아 계시면 등 뒤로 다닌다.
⑧ 누워 계실 때는 머리맡이나 위로 다니지 않는다.
⑨ 부모님은 항상 좋은 자리(상석)에 모신다.
⑩ 편찮으시면 정성껏 간호해 드린다.
⑪ 텔레비전을 함께 볼 때는 다리를 뻗거나 가로로 눕지 않고, 채널을 마음대로 돌리지 않는다.

2) 노랫말 새기기

① 어머님 은혜

높고 높은 하늘이라 말들 하지만 나는 나는 높은 게 또 하나있지.
낳으시고 기르시는 어머님은혜 푸른 하늘 그보다도 높은 것 같애.
넓고 넓은 바다라고 말들 하지만 나는 나는 넓은 게 또 하나있지.
사람되라 이르시는 어머님 은혜 푸른바다 그보다도 넓은 것 같애.

② 어머니 마음(양주동 작사, 이흥렬 작곡)

나실 제 괴로움 다 잊으시고 기를 제 밤낮으로 애쓰는 마음
진자리 마른자리 갈아 뉘시며 손발이 다 닳도록 고생 하시네.
하늘아래그 무엇이 넓다 하리오. 어머님의 희생은 가이없어라.

어려선 안고 업고 얼려 주시고 자라선 문 기대어 기다리는 맘
앓을 사 그릇될 사 자식생각에 고우시던 이마위에 주름이 가득.
땅위에그 무엇이 높다 하리오 어머님의 정성은 지극하여라.

사람에 마음 속엔 온 가지 소원 어머님에 마음속엔 오직 한 가지
아낌없이 일생을 자식 위하여 살과 뼈를 깎아서 바치는 마음.
인간이 그 무엇이 거룩하리오 어머님에 사랑은 끝이 없어라.

3. 공동생활 예절

(1) 말에 대한 예절

말은 의사 표현의 중요한 수단이다. 바르고 공손한 말을 사용하는 사람은 품위가 있다. 그렇지 않을 경우 다른 사람으로부터 호감을 얻기 어렵고, 가끔 다른 사람을 난처하게도 합니다. 말하는 상대에 따라 높임말과 낮춤말을 가려 써야 한다.

1) 대화의 예법

① 남의 말을 다 듣고 난 다음에 말한다.

② 천천히 이야기하는 습관을 기른다.

③ 표준말과 고운 말을 사용한다.

④ 대화의 중요한 내용을 다시 물어서 확인한다.

2) 대화의 자세

① 상대방의 이야기가 끝날 때까지 차분히 기다린다.

② 항상 명랑한 기분으로 말을 하고 듣는다.

③ 말을 하는 도중에 끼어들지 않는다.

④ 질문을 하거나 다른 의견을 말할 때는 양해를 구한다.

3) 대화할 때 표정

① 듣는 사람의 표정과 눈을 주시해 반응을 살핀다.

② 말을 귀로만 듣지 말고 표정, 눈빛, 몸짓 등을 관찰하여 내용을 이해한다.

4) 대화할 때 말씨

대화는 사람과 사람의 감정과 지식을 교환하고 친밀감을 형성한다. 따라서 상대방의 의견을 존중하는 대화예절이 필요하다.

① 대화의 분위기, 상대의 성격, 수준을 고려하여 대화한다.

② 외국어는 필요한 경우에만 쓴다.

③ 대화의 3원칙, 즉, 하고 싶은 말은 1분, 상대방의 말 경청은 2분, 동의

에는 3분 사용하는 방법을 익힌다.

5) 존대어 예시

〈표 1-4〉 흔히 사용하는 존대어

보통말	존대어	보통말	존대어
밥	진지	먹다	잡수시다
숟가락	간자	주다	드리다
말	말씀	말하다	여쭙다
혼/야단/꾸중	걱정	죽다	돌아가시다
자다	주무시다	골내나	화내시다
성질	성품	저사람	저분
보다	뵙다	데리고	모시고
있다	계시다	이, 가	께서
집	댁	눕다	누시다

6) 전화 예절

가. 기본예절

① 다른 사람이 통화 중일 때에는 떠들거나 말참견을 하지 않는다.

② 자못 걸려온 전화도 친절하게 받는다.

③ 전화를 잘못 걸었을 때에는 즉시 사과를 한다.

④ 장난 전화(112, 119)는 하지 않는다.

나. 전화걸 때

① 먼저 용건을 정리하여 메모한다.

② 전화번호를 화인한 후 버튼을 누르거나 다이얼을 돌린다.

③ 상대방이 나오면 자신을 밝힌 후 누구인지 확인한다.

④ 상대방이 확인되면 간단히 인사를 하고 용건을 밝힌다.

⑤ 용건이 끝나면 정중하게 인사를 하고 끊겠다고 말하고 끊는다.

⑥ 상대방이 수화기를 놓은 다음 수화기를 놓는다.

다. 전화 받을 때

① 자신의 이름을 밝히고, 상대방을 확인한다.

② 다른 사람을 찾으면 친절하게 기다리게 하고 바꾼다.

③ 상대방이 확인되면 인사를 한다.

④ 중요한 사항은 메모한다.

⑤ 용건이 끝나면 인사말을 한다.

⑥ 상대방이 수화기를 놓은 다음 수화기를 놓는다.

⑦ 잘못 걸려온 전화라도 친절하게 응대한다.

라. 주의사항

① 전화 걸때

- 시간: 이른 시간이나 늦은 시간에는 전화하지 않는다.
- 인사: 인사와 함께 자기소개 한다.
- 내용: 용건은 간단히 한다.
- 언어: 누구인가를 확인하기까지는 존댓말을 사용한다.

② 전화 받을 때

- 받기: 전화벨이 2~3번 울리면 받는다.
- 인사: 인사를 하고 자기 소개를 한다.

– 메모: 왼손으로 받고, 오른손으로 메모하는 습관을 기른다.

마. 이동통신예절(휴대폰)

① 공연관람 할 때는 반드시 끈다.

② 공공장소에서 큰소리로 통화하지 않는다.

③ 친구의 휴대폰을 사용할 때 용건만 간단히 한다.

④ 보행 중이나 수업 중에는 문자나 통화를 하지 않는다.

※ 필수적인 전화언어

"감사합니다.", "오래 기다렸습니다."
"잠시만 기다려 주시겠습니까?"
"전화를 바꾸어 드리겠습니다."
"죄송합니다만 ~ 해 주시겠습니까?"
그렇게 하도록 하겠습니다."

(2) 초대와 방문

1) 손님을 초대할 때의 예절

부모를 도와 할 수 있는 일을 생각한다. 깨끗이 집안을 청소하고 손님께 내어드릴 방석, 사용할 그릇, 수저, 다과상 등을 미리 꺼내어 챙겨 놓는 일 등이 그 예이다.

가. 기본예절

① 손님이 오신다는 연락을 받으면 집안을 깨끗이 정리한다.

② 오시면 "어서 오십시요." 라고 반갑게 맞이한다.

③ 손님의 신발은 앞부리가 밖으로 나가게 가지런히 놓는다.

④ 부모님과 대화를 나누고 계시면 끼어들지 않는다.

⑤ 음식이나 차를 정성껏 대접하고 맛있게 드시기를 권한다.

⑥ 돌아가실 때는 현관이나 대문까지 나가서 인사한다.

⑦ 노인이나 어린이는 차타는 곳이나 편한 길까지 배웅한다.

나. 맞이하기

① 반갑게 인사한다.

② 손님의 모자와 겉옷을 받아서 옷걸이에 걸어 드린다.

③ 가실 때 편하게 신으시도록 신발을 정리한다.

다. 손님의 자리

① 손님을 출입문에서 떨어진 안쪽에 앉으시도록 하고, 주인은 문쪽에 앉는다.

② 손님이 여러분 오셨을 경우에는 제일 어른이 되시거나 중요한분을 좋은 자리에 안내한다.

라. 배웅하기

① 손님이 가실 때에는 모자와 겉옷을 내어 드린다.

② 놓고 가시는 물건이 있는 가 확인한다.

③ 대문이나 차 타시는 곳까지 배웅한다.

2) 남의 집을 방문할 때의 예절

가. 기본예절

① 방문할 때는 사전에 연락한다. 만약 선물을 준비할 때에는 간단히 한다.

② 방문하기 전에 몸가짐을 단정히 한다. 특히 맨발을 삼가한다.

③ 집안의 어른이 계시면 먼저 인사를 한다.

④ 음식이 나오면 권할 때 천천히 먹으며 "잘 먹겠습니다." 하고 인사한다.

⑤ 오래 머무르지 않고, 나올 때는 식구들에게 알맞은 인사를 한다.

⑥ 식사 시각과 너무 이른 시각, 너무 늦은 시각에 방문하는 것은 삼간다.

⑦ 물건을 함부로 만지지 않는다. 집안을 함부로 돌아다니지 않으며, 아무 문이나 열지 않는다.

⑧ 방문을 마치고 나올 때에는 인사를 하고 나온다.

(3) 식사예절

1) 식사하기 전 예절

① 웃어른께"진지잡수세요." 하고 말씀드리고 감사의 인사를 한다.

② 어른보다 먼저 식사할 일이 있으면 말씀드리고 먹는다.

③ 식사 전에는 손을 깨끗이 씻는다.

④ 식사준비하시는 부모님을 돕는다.

⑤ 식사할 자리를 깨끗이 치운다.

⑥ 음식을 씹을 때에는 소리가 나지않게 하고 음식을 입에 담고 말하지

않는다.

⑦ 반찬을 뒤적이거나 흘리지 않고 골고루 먹는다.

⑧ 보조 접시에 음식을 덜어서 먹고, 가시나 뼈는 눈에 띄지않게 처리한다.

⑨ 다른 사람에게 피해되지 않게 조용히 대화한다.

⑩ 다른 사람과 먹는 속도를 맞춘다.

⑪ 식사가 끝나면 수저를 처음과 같이 정리하고 '잘 먹었습니다' 라고 인사말을 한다.

2) 부모님과 식사할 때 예절

① 숟가락이나 젓가락은 부모님이 드신 다음에 든다.

② 어른이 진지를 들기 시작한 후에 음식을 먹는다.

③ 맛있는 음식은 부모님이 드시도록 권한다.

④ 바른 자세로 앉아서 음식을 흘리지 않고 먹으며 반찬 투정을 하지 않는다.

⑤ 식사가 먼저 끝나면 수저를 밥그릇(국그릇) 위에 놓았다가 부모님의 식사가 끝난 후에 내려놓는다.

⑦ 외식을 할 때는 식당에서 떠들거나 돌아다니지 않는다.

⑧ 사람통행이 많은 거리에서 먹으면서 걸어가는 모습은 좋지 않다.

3) 한국 음식

① 한국 일상 음식의 상차림은 전통적으로 독상이 기본이다.

② 종류: 죽상(粥床), 반상(飯床), 면상(麪床), 주안상(酒案床), 교자상(交子床), 다과상(茶菓床).

③ 숟가락과 젓가락은 동시에 사용하지 않는다.

4) 서양 음식(양식)

가. 식탁에서의 바른 자세

① 웨이터가 제일 먼저 내어 주는 의자가 상석이다.

② 여성이 먼저 자리에 앉도록 한다.

나. 나이프와 포크의 사용

① 왼쪽에 포크를 오른쪽에 나이프를 놓는다.

② 밖에 놓인 것부터 안쪽으로 들어가며 하나씩 사용한다.

③ 나이프는 오른손으로 사용한다. (왼손잡이는 왼손으로)

④ 상대가 식사 중일 때는 접시 중앙이나 테두리에 八자형으로 놓고 나이프의 날은 안쪽을 향하도록 한다.

⑤ 식사가 끝나면 나이프는 뒤쪽에, 포크는 자기 앞쪽에 오도록 가지런히 모아서 접시 중앙의 오른쪽에 비스듬 정리 한다.

⑥ 빵이나 샐러드는 왼편 것을. 음료는 오른편의 것을 먹는다.

5) 일본 음식(日食)

① 일본요리는 보면서 즐기는 요리다.(색깔, 모양)

② 일본 밥상은 '젠' 이라고 하며, 우리나라 밥상보다 작고 낮다.

③ 한국 비빔밥처럼 비벼먹는 것이 없고 대체로 따로따로 먹는 것이 특징이다.

④ 숟가락이 없어 국 같은 것을 먹을 때 젓가락만 사용하여 그릇을 들고 입으로 쓸어 넣듯 먹는다.

⑤ 식사비용은 각자 지불한다.

6) 중국 음식(中國食)

① 중국요리는 여러 요리가 순서대로 나오기 때문에 처음부터 욕심을 내어 많이 먹거나 남기는 것은 실례이다.

② 덜어 담는 젓가락이 나오지 않을 때에는 자기 젓가락을 사용해야 하므로 젓가락을 입 속에 넣지 않는다.

③ 식사 중에 젓가락을 사용하지 않을 때에는 식탁위에 가로 놓는다.

④ 음식을 다 먹었을 때에는 젓가락을 국그릇에 세로로 걸쳐 놓는다.

⑤ 종류에는 북경요리, 상해요리, 광동요리, 사천요리 등이 있다.

(4) 이웃어른에 대한 예절

옛날에는 한 마을의 모든 사람들이 서로 잘 알고 지냈음으로 이웃어른을 부모와 같이 공경 했다. 최근에는 사람이 많아지고 개인생활을 존중하는 도시화 서구화가 되어 서로 무관심해졌다. 때문에 이웃어른에 대한 결례를 하는 경우가 많다. 웃어른에 대한 올바른 자세를 살펴보자.

1) 어른을 만났을 때

① 웃어른을 만나면 몇 번을 만나도 공손히 인사한다.

② 어른이 기억하지 못하시면 자신을 밝힌다.

③ 웃어른의 일에 관심을 갖도록 한다. 혹시 어려운 일이 생기면 도와드린다.

④ 명절 때나 어른의 경사가 생겼을 때 찾아뵙고 인사한다.

⑤ 좋은 모임이나 어른께 도움이 되는 일이 되는 경우 미리 알려서 참석

토록 한다.

⑥ 어른모시고 있는 집에 놀러가서 오래도록 떠들거나 놀지 않는다.

⑦ 이웃 어른이 길을 지날 때 급한 일이 아니면 가로질러 먼저 지나치지 않는다.

⑧ 어른이 무거운 짐을 들고 가는 경우 부탁하기 전에 미리 도와 드린다.

⑨ 어른 앞에서는 휘파람을 불거나 입이나 손으로 이상한 소리를 내지 않으며 항상 손을 앞으로 공손히 마주잡고 있도록 한다.

⑩ 어른을 대하는 말씨는 항상 조심하여 올바른 존댓말을 쓰도록 한다.

2) 고마운 분을 만났을 때

① 집배원 아저씨께

– 편지 주셔서 감사합니다.

– 선물 배달 감사합니다.

② 미화원 아저씨께

– 청소해 주셔서 감사합니다.

③ 소방관 아저씨께

– 불을 꺼 주셔서 감사합니다.

– 사람을 살려 주셔서 감사합니다.

④ 경찰관 아저씨께

– 도둑을 잡아 주셔서 감사합니다.

⑤ 의사 선생님께

– 치료해 주셔서 감사합니다.

⑥ 선생님께는

– 가르쳐 주셔서 감사합니다. 또 선생님 안녕하세요. 라고 보는 대로 인사를 잘해야 한다.

4. 학교 예절

(1) 학교생활의 예절

학교는 사람을 가르쳐주고 지식을 넓혀주어 더불어 살고 인류를 발전시키는 데에 필요한 모든 것을 이어내리는 배움의 터전이다. 학교가 없다면 어리석음을 깨칠 수 없으며 보다 넓고 깊은 새로운 지식을 전수(傳受)할 수 없어 사람들을 몽매(夢寐)하게 살 수 밖에 없을 것이다.

① 가르치는 선생님과 배우는 학생은 모두 학교의 존재에 깊은 감사의 마음을 갖는다.
② 학교의 모든 규칙을 잘지켜 학교생활이 모든 생활의 기본이 되게 한다.
③ 학교의 모든 시설을 아끼고 다듬어 본래의 목적에만 활용한다.
④ 학교 안에서 학문을 연마하는 일 이외의 일을 하지 않는다.
⑤ 학교가 모든 사람의 본받음의 대상임을 자각해 진리와 원칙에 성실한다.

(2) 선생님을 모시는 기본예절

옛말에 '선생님의 그림자조차 밟지 않는다.' 말이 있다. 이는 그만큼 서생님을 존경하고 깍듯이 예의를 지킨다는 뜻이다. 군사부일체는 '임금님과 선생님과 부모는 같다.' 라는 뜻인데 이것은 선생님이 그만큼 소중하신 분이다. 또한 부모는 낳으시고 선생님은 가르치시기에 선생님은 부모와 같은 어른이다.

① 선생님을 부모 모시듯이 공경으로 섬긴다.
② 선생님은 지식뿐 아니라 모든 생활의 지혜를 주시므로 본받는다.
③ 선생님의 가르침은 진리이며 원칙이다. 어긋남이 없이 성심을 다해 배운다.
④ 선생님의 가르치심에 의문이 있으면 공손하게 질문해 깨닫는다.
⑤ 선생님을 모시는 데는 배운다는 것 외의 다른 생각을 갖지 않는다.

(3) 선생님의 예우

① 선생님께 대하는 태도
- 선생님께는 늘 바르게 인사한다.
- 선생님께는 반드시 존댓말을 쓴다.
- 선생님께서 지시한 사항은 늘 정확히 듣고(메모) 실행한다.
- 잘못에 대한 지적을 받으면 불쾌하게 여기지 말고, 자기 자신을 고쳐 더 나은 어린이가 되도록 노력한다.

② 선생님에 대한 올바른 자세
- 수업 중 공손한 질문과 배우려는 열의를 보여야 한다.
- 나 때문에 선생님을 욕되게 하는 일이 없도록 한다.

③ 선생께 부탁을 드릴 때 정중히

– "죄송하지만 ○○ 좀 해주실 수 있겠습니까?"

– 들어 주었을 때는 "고맙습니다." 라고 인사한다.

④ 선생님의 꾸지람이 있을 때는

– 원망하거나 피하지 말고, 고마운 마음으로 받아들여 같은 실수가 없도록 행동을 고쳐야 한다.

⑤ 선생님께 첫인사는

– 45도 정도 경례로 하고, 복도에서 자주 뵈올 때는 목례를 한다.

⑥ 교무실에 갈 때는

– 옷을 단정히 살피고, 출입문 앞에서 가볍게 인사한다.

– 선생님 앞에 서면 가벼운 인사를 하고 "용무가 있어 왔습니다." 등의 인사말을 한다.

– 선생님과 대화하는 동안에는 단정한 자세로 똑바로 서서 이야기 한다.

– 선생님이 다른 학생과 이야기 중에는 약간 떨어져서 기다리며 엿듣지 않는다.

– 용무를 마친 뒤에는 대화내용에 알맞은 인사말을 한다. "감사합니다." "잘 알겠습니다." 등

(4) 수업시간 예절

① 수업을 시작할 때에는 '안녕하세요.' 또는 '안녕하십니까.' 라는 인사말과 함께 바르게 인사한다.

② 수업 중에는 허리를 반듯하게 펴고 손장난을 하거나 다리를 흔들지 않는다.

③ 선생님께서 말씀하시는 도중에는 질문을 하지 않고, 말씀이 끝난 다음에 질문하거나 의견을 말씀드린다.

④ 수업이 끝날 때에는 바로 일어나지 않고, '고맙습니다.' 또는 감사합니다.' 라는 인사말과 함께 인사를 한다.

⑤ 수업이 시작되면 앞문을 사용하지 않는다.

※ 학교 및 교실내의 기물이 파손되지 않도록 조심스럽게 다룬다.

(5) 친구와 나

친할수록 반드시 예절이 필요하다. 친구와 친한 이유는 나름대로 서로에게 좋은 느낌을 주었다는 것, 즉 예절을 갖추었다는 뜻이기도 합니다. 하루 가운데 대부분의 시간을 함께하는 친구야말로 친형제자매와도 같다. 그러므로 친할수록 상대방의 인격을 존중하면서 예의는 지켜야 한다.

- 친구를 차별하지 않는다.
- 모든 친구에게 친절하게 대한다.
- 친구가 싫어하는 별명이나 말(욕)을 하지 않는다.
- 친구의 약점을 들추거나 비밀을 말하지 않는다.
- 좋은 친구를 원하면 먼저 좋은 친구가 되도록 한다.

① 서로 존중하고 믿음이 있어야 한다.

② 친구 잘못을 너그럽게 대할 수 있는 아량이 있어야 한다.

③ 잘못된 친구에게 먼저 위로한다.

④ 친구의 어려운 처지를 걱정해주고 함께 해결해보려고 노력한다.

⑤ 서로의 약속을 잘 지켜야 한다.

⑥ 좋은 친구는 친구의 잘못을 충고해줄 수 있는 아량이 있어야 한다.

〈 노래: 꼭꼭 약속해 〉

너하고 나는 친구 되어서 사이좋게 지내자
새끼손가락 고리 걸어 꼭꼭 약속해

싸움 하면은 친구 아니야 사랑하고 지내자
새끼손가락 고리 걸어 꼭꼭 약속해

맛있는 것은 나눠 먹으며 서로 돕고 지내자
새끼손가락 고리 걸어 꼭꼭 약속해

(6) 봉사하는 마음 갖기

① 나보다 어려운 친구를 도와준다.

- 친구가 아플 때나, 병원에 갔을 때.
- 친구가 식사를 못할 때.
- 부모가 안 계신 외로운 친구에게 힘을 모아 일 도와주며,
- 불편한 친구와 같이하고 공부 도와주어야 한다.

② 어려운 이웃에 도와주는 마음 생각하기

- 가난한 나라 어린친구 도와주는 생각을 해 본다.

· 어려운 친척, 친구를 도와주는 생각해 본다.

· 이웃돕기를 위한 저금도 해 본다.

※ 참다운 봉사는 자발적이고, 생색을 내지 않는다.

5. 사회질서

(1) 길을 걸어갈 때 (보행질서)

① 언제나 왼쪽(좌측)으로 걸어 다니어야 한다.

② 위험한 길에서 작란을 치거나 뛰어노는 것은 위험하다.

③ 찻길에서 친구들과 어깨동무하고 다니면 교통 방해가 된다.

④ 위험한 길에서 롤러스케이트 등 놀이는 사고 날 위험이 많다.

〈 공동 질서의 노래: 내가 먼저 지킬래 〉

집 앞에다 침을 탁 뱉는 친구
담벼락에 쪽 껌 붙이는 친구

안되요 안돼 함께 가꾸어야 해요
내가 먼저 지킬래 내가 먼저 지킬래-
다른 사람 말 않해도 어른들 눈치 없어도-

뒤로 가요 차례를 지켜요 실례해요 정말 미안해요

고마워요 먼저 가실래요
약속해요 질서를 지켜요

(2) 교통 예절(교통질서)

1) 기차 안에서의 예절

① 기차역 대합실에서는 뛰어다니거나 소란을 피워서는 안 된다.

② 승차표 살 때나 기차에 탈 때에는 차례를 지켜 행동한다.

③ 안내방송이나, 부모님의 말씀을 어기지 말아야 한다.

④ 의자를 마주보며 큰소리로 떠들지 않아야 한다.

⑤ 바닥에 과자 봉지 과일껍질을 함부로 버리지 말고, 음료를 먹다 바닥에 흘리지 말아야 한다.

⑥ 통로에 큰 짐을 놓아두거나, 출입문에 기대면 위험하다.

⑦ 객차의 연결통로를 혼자서 뛰어다니지 않는다.

※ 참고: 기차 가는 방향 창 쪽이 상석(어른자리).

2) 지하철에서 지켜야 할 예절

① 승차표를 살 때는 줄서서 지정된 요금을 먼저 확인하고 표를 사서 차례대로 나가야 한다.

② 차를 탈 때도 줄서서 기다렸다가 차가 도착하면 뛰지 말고 조용히 탄다.

③ 차 안에서는 자리가 있으면 단정한 자세로 앉는다.

④ 옆에 노인이나 불편한분이 계시면 자리를 양보하고 서서가면 보기 좋은 예절이 된다.

⑤ 과자봉지, 캔, 빈병 등은 봉지에 담아 지정된 장소나, 쓰레기통에 버린다.

⑥ 전화 벨소리는 진동으로 하고, 큰소리로 전화하는 것은 '예' 가 아니다.

⑦ 친구들과 뛰놀거나 시끄럽게 하면 다른 어른들께 큰 불편이 된다.

3) 버스에서 예절

① 차가 도착하면 안전하게 차례대로 오른다. 이 때 어른 먼저 안내한다.

② 차안에서 손잡이를 잡고 다른 사람에게 방해되지 않게 행동한다.

③ 자리는 특별한 사정이 없으면 어른들에게 양보하는 모범을 보인다.

④ 친구들과 이야기 할 때는 조용한 말로 한다.

⑤ 차에 타고 내릴 때는 운전기사에게 "감사합니다." 라고 인사하면 어른들이 흐뭇하게 여기신다.

4) 승용차에서 예절

① 어른이 지정해 주시는 자리에 앉는다.

② 안전띠를 매고 즐거운 표정으로 조용히 앉아 운전에 방해가 되지 않게 한다.

③ 휴게소에 도착하면 차의 위치를 잘 기억하고, 볼일을 마치는 대로 돌아와야 한다.

※ 차 안에도 자리 순서대로 앉는 것이 승차 예절이다.

5) 선박(배)승선예절

① 배에 탈 때는 순서를 잘 지키고 안내방송에 따라 행동한다.

② 구명기구의 위치, 비상통로를 잘 알아둔다.

③ 위험한 곳에 올라가거나 위험한 난간에 기대지 않는다.

④ 배안의 비품을 깨끗이 사용하고, 일용품과 구급약품을 준비한다.

⑤ 일행 중 안내하는 사람은 탈 때는 나중에 타고, 내릴 때는 먼저 내린

다.

6) 항공예절

① 비행기에 타고내릴 때 조용히 순서대로 줄서서 행동한다.

② 외국손님이 많은 경우가 있어 큰소리를 내거나 필요 없이 돌아다니지 않는다.

③ 기내에서 식사 할 때 식기소리 나지 않게 조용하게 예의를 지킨다.

④ 옷은 단정하고 간편하게 입고, 가벼운 신발을 신는다.

⑤ 다리를 길게 뻗어 앞자리 손님에게 불편을 주지 말아야 한다.

⑥ 보호자나 안내원의 말이나, 기내방송에 따라 행동해야 한다.

(3) 깨끗한 환경 가꾸기(환경질서)

① 껌이나 침, 가래침을 뱉지 말고 휴지에 쌓아서 휴지통에 버린다(길에 침을 뱉으면 더러운 사람으로 보인다).

② 빈병, 캔류, 종이 같은 것은 휴지통에 버린다.

③ 다른 사람이 버린 것도 주워서 버리는 착한 일도 해본다.

④ 공원 놀이장소에서 시설물을 아끼고 나무와 잔디도 아껴야 한다. 나무 가지나 꽃을 내 몸같이 아껴야 한다.

⑤ 물놀이 장소에서 쓰레기를 버리는 것은 더럽고 위험한 일이다.

(4) 국기게양 잘하기

① 국경일, 명절날에 태극기 달기(게양)

※ 설날, 삼일절, 현충일, 제헌절, 광복절, 한글날, 개천절

② 국기를 바르게 게양하고 시간은 보통 해뜰 때부터 질때까지로 한다.

③ 국기에 대한 경례와 맹세도 익혀두어야 한다.

(5) 4대 명절

① 정월(1월) 초하루(1일)는: 설날

② 2월에는 조상님의 묘소에서 제사지내는: 한식날

③ 5월에는 하늘에서 견우와 직녀성(별)이 만난다는: 단오절

④ 8월에는 송편올리고 조상님께 차례 지내는: 추석날(한가위)

(6) 통과의례(通過儀禮)

통과의례란 사람이 출생하여 한평생 사는 동안 여러 가지 작은 고비를 지날 때마다 치르는 격식과 절차이다. 프랑스의 인류학자(방주네프)가 처음 사용하던 용어로서 사람이 태어나서부터 죽을 때까지 거치게 되는, 탄생, 성년, 결혼, 장사 등에 수반되는 의례를 말한다.

1) 백일(百日)

아기가 태어나 백일째 되는 날이다. 백(百)이라는 숫자는 완전함과 숙성함을 의미 하며 아기가 어려운 고비를 무사히 넘기게 되었음을 축하 하는 것이다.

2) 첫돌

아기가 태어나서 처음으로 돌아오는 생일이다.

3) 책례(冊禮)

책거리라고 하며, 학생들이 책 한권을 완전히 공부한 후 스승과 친구들이 함께 축하하는 례다.

4) 성년례(成年禮: 冠禮. 笄禮)

아이가 자라서 어른이 되는 과정으로 어른으로서 책임을 일깨워주는 의식이다. 어른의 옷을 입혀주며 말씨를 높여주고 자(字)를 부르게 되며 술을 내린다.

그러나 최근에는 청소년들의 조기성장으로 20세 이전에 교육기관에서 청소년 선서식을 단체로 거행하는 사례도 있다.

— 청소년 선서 —

성년자

나는 이제 아동에서 청소년이 됨에 있어서 오늘이 있게 하신 부모님의 은혜에 감사드리고 아들딸의 도리를 다할 것을 맹세하며 내 자신과 부모님께 떳떳한 사람이 되도록 노력할 것을 참 마음으로 엄숙히 선서합니다.

성년자　　자필 서명

5) 혼례(婚禮)

사람이 성장하여 남자와 여자가 부부가 되는 절차로 사람에게 있어 가장 중요하고 큰 의례라는 의미로 대례(大禮)라고도 한다.

6) 수연례(壽宴禮)

어른의 생신(生辰)날(60세 이후부터)에 자손들이 어른의 수명장수를 비는 의식 절차이다.

7) 장례(葬禮)

사람이 죽으면 그 죽음을 갈무리해 장사지내고 근친들이 일정기간 죽은이를 기리는 의식 절차이다.

8) 제례(祭禮)

돌아가신 조상의 은혜를 기리는 것으로 제사와 차례를 말하는 것이다.

6. 전통 배례 법

(1) 공수하는 법(배꼽 손)

두 손을 모아 앞으로 잡는 것을 공수라 하는데 이는 공손한 자세를 나타내며, 모든 예절행동의 시작의 의미이다. 어른을 모시거나 의식(제사 등) 행사에 참석할 때 취하는 기본자세이다.

(2) 공수 자세

① 남자의 평상시 공수는 왼손을 위로 하여 두 손을 포개 잡는다.
② 여자의 평상시 공수는 오른손을 위로 하여 두 손을 포개 잡는다.
③ 평상시복을 입었을 때에는 공수한 손의 엄지가 배꼽부위에 닿도록 자연스럽게 앞으로 내린다.
④ 공수하고 앉았을 때 손의 위치는 남자는 중앙에 여자는 오른쪽 다리 위에 얹으며, 남녀모두 한 무릎을 세웠을 때에는 세운 무릎 위에 얹는다.

▶ 남자의 공수

▶ 여자의 공수

(3) 절하는 법

가. 남자의 절

1) 남자의 큰절

① 공수한 자세로 절할 대상을 향해 선다.

② 허리를 굽혀 엎드리며 포개어 잡은 손으로 바닥을 짚고, 왼 무릎을 먼저 꿇는다.

③ 오른쪽 무릎을 왼쪽 무릎과 가지런히 꿇고, 왼발이 아래로 가게발등을 포갠다.

④ 뒤꿈치를 벌리고 엉덩이를 내려 깊숙이 앉는다.

⑤ 팔꿈치를 바닥에 붙이며 이마가 손등에 닿도록 조아리고, 잠시 머문 다음, 머리와 상체를 바르게 세운다.

⑥ 오른쪽 무릎을 먼저 세우고, 손을 바닥에서 떼어 오른 무릎위에 놓는다.

⑦ 일어나서 두 발을 가지런히 모은 다음 처음의 자세로 선다.

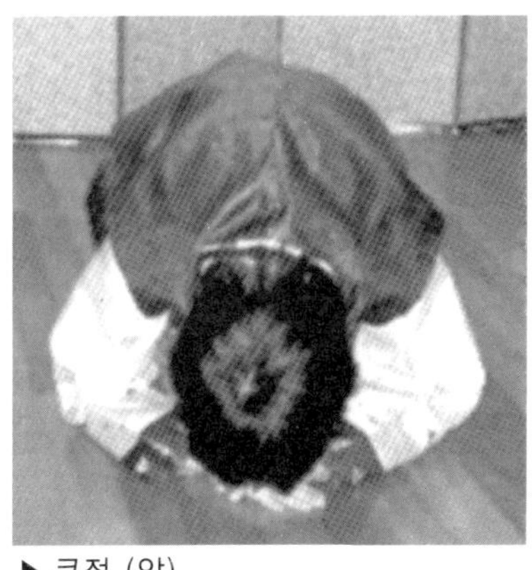
▶ 큰절 (앞)

▶ 큰절 (옆)

2) 남자의 평절

① 큰절과 같은 방법으로 한다.

② 다른 점이 있다면 이마가 손등에 닿으면 머물지 않고, 즉시 일어선다.

▶ 남자평절 (앞)

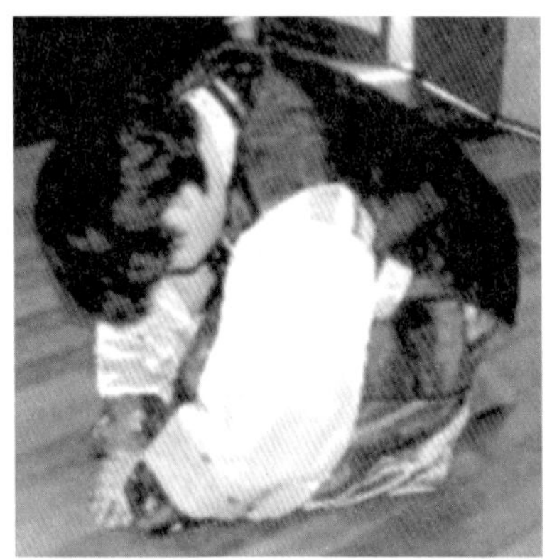

▶ 남자평절 (옆)

3) 남자의 반절

① 큰절할 때의 자세에서 엉덩이부터 머리까지 수평이 되게 엎드렸다 일어난다.

② 웃어른은 아랫사람이 무릎을 꿇은 것을 본 다음에 시작하여 아랫사람이 일어서기 이전에 끝낸다.

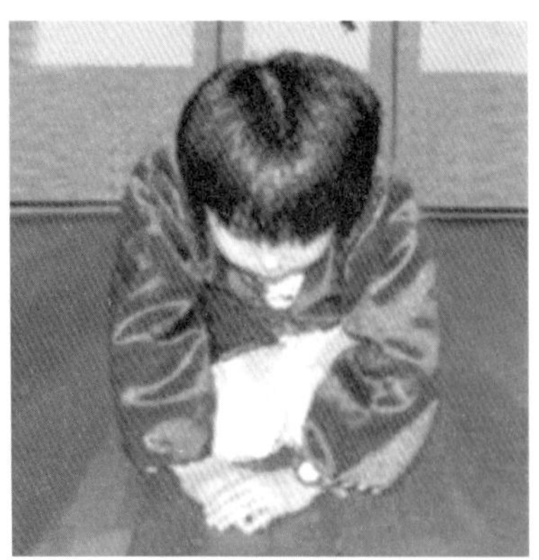

▶ 남자의 반절 (앞)

▶ 남자의 반절 (옆)

나. 여자의 절

1) 여자의 큰절

① 공수한 손을 어깨 높이로 수평이 되게 올린다.
② 고개를 숙여 이마를 공수한 손등에 붙인다.
③ 왼쪽 무릎을 먼저 꿇는다.(남자와 같다)
④ 오른쪽 무릎을 왼쪽 무릎과 가지런히 꿇는다.
⑤ 오른발이 앞이 되게 발등을 포개며 뒤꿈치를 벌리고 엉덩이를 내려 앉는다.
⑥ 윗몸을 반쯤(45도) 앞으로 굽힌다.
⑦ 잠시 머물러 있다가 윗몸을 일으킨다.
⑧ 오른쪽 무릎을 먼저 세운다.
⑨ 일어나면서 왼쪽 발을 오른쪽 발과 가지런히 모은다.
⑩ 공수한 손을 원위치로 내리며 고개를 반듯하게 세운다.

▶ 여자큰절 (앞)

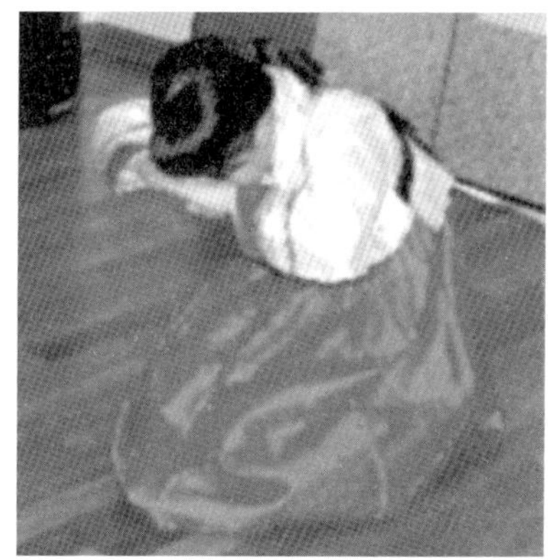
▶ 여자큰절 (옆)

2) 여자의 평절

① 공수한손을 풀어 양옆으로 자연스럽게 내려놓는다.

② 왼쪽무릎을 먼저 꿇는다.

③ 오른쪽 무릎을 왼쪽무릎과 가지런히 꿇는다.

④ 오른발이 앞(아래)이 되게 발등을 포개며 뒤꿈치를 벌리고 엉덩이를 내려앉는다.

⑤ 손가락을 가지런히 모아 손끝이 밖을 향하게 무릎과 가지런히 바닥에 댄다.

⑥ 몸을 반쯤 굽히고 두 손바닥을 바닥에 댄다.

⑦ 잠시 머물러 있다가 윗몸을 일으키며 손끝을 바닥에서 뗀다.

⑧ 오른 무릎을 먼저 세우며 양손을 무릎 위에 놓는다.

⑨ 일어나면서 왼발을 오른발과 가지런히 모은다.

⑩ 공수하고 본래의 자세를 취한다.

▶ 여자평절 (앞)

▶ 여자평절 (옆)

1. 성씨의 유래

성씨의 발생근원은 정확한 기록이 없어 상세히 알 수는 없으나, 대략 중국 성씨 제도의 영향을 받아 고조선시대에 왕족에서부터 사용한 것으로 전해온다.

고대 씨족사회에서 집단 통솔에 필요한 정치적 기능을 부여함에 있어서 다른 씨족과 구별하기 위한 호칭이 성으로 나타나고, 점차 지방 세력이 중앙 귀속 화 되면서 다수의 부족을 통솔하기 위한 칭호이며, 정치적 신분을 표시하는 의미로 나타났다.

따라서 성(姓)은 초기에 왕실이나 귀족에만 국한되어 사용 하다가, 국가에 공이 큰 공신들이나 귀화인(歸化人)들에게 세거지역(世居地域)이나 강, 산의 명칭을 따라 사성(賜姓)을 하면서 확대되 나가기 시작 했다.

그러나 일반 서민들이 성씨사용은 과거제도(科擧制度)가 발달되는 고려 문종(文宗 1047)이후부터 보편화 되었으며, 상민(常民)과 노비(奴婢)를 포함한 모두가 성을 갖게 된 것은 조선말 개혁정치가 시작되면서 부터이다.

2. 본관(本貫)

시대의 흐름에 따라 성씨가 점차적으로 확대 되면서 같은 성씨라 하더라도 계통이 달라, 그 근본을 명확히 구분하기가 어려웠으므로 동족여부를 가리기 위해 등장하게 된 것이 본관이다.

본관이란 본(本). 관향(貫鄕) 또는 관(貫)이라고도 하는데, 원래 관(貫)은 돈(錢)을 말하는 것으로 돈을 한 줄에 꿰어 묶어 가지고 다니는 것과 같이, 친족이란 서로 관련성을 갖고 있다는 뜻(貫錢見之貫)이며, 여기에 더 나아가 본적(本籍)이란 뜻(本貫鄕籍也)으로 사용 되었다.

1. 족보의 의의

족보는 시조로부터 역대조상의 얼이 담겨 있는 귀중한 보감(寶鑑)이므로 반드시 가보처럼 소중히 간직하고 이를 대할 때 상(床) 위에 모셔놓고 정 한수를 떠서 절 이배한 연후 경건한 마음으로 살아계신 조상을 모시듯이 하여야 한다. 우리 조상들께서는 이를 소중히 하기를 보옥(寶玉)처럼 만일에 화재가 났을 때는 족보와 신주를 모셔 나오려다 목숨을 잃는 일도 많았다 한다.

이처럼 소중한 족보가 핵가족제도가 되면서부터 도외시되는 경향이 많은 것이 오늘의 현실이다. 명심보감에 이르기를 자기가 부모에게 효도하지 아니하고 어떻게 자식에게 효도를 바라겠는가? 이 얼마나 깊이 있는 말인가 우리 조상께서 목숨을 바쳐 가문을 빛내고 지켜온 숭조사상(崇祖思想)의 자랑스러운 전통을 이어나가야 할 것이다.

2, 족보(族譜) 보는 법

① 족보를 보려면 나 자신이 어느 파(派)에 속하는지 알아야 한다.

② 파를 알지 못할 경우는 조상(祖上)이 어느 지역에 살았고 어떤 파가 살았던가를 알아야 한다.

③ 그래도 파를 모를 때는 씨족(氏族)전체가 수록된 대동보(大同譜)를 찾아 확인하는 외에는 도리가 없다.

④ 시조(始祖)로부터 몇 세대(世代)이지 알아야 한다. 족보는 가로(橫)로 단(段)을 갈아서 같은 세대(世代)에 속하는 혈손(血孫)을 같은 단에 가로로 배열되었음으로 자기 세대의 단만 보면 된다. 만일 세수(世數)를 모르면 항렬자(行列字)를 헤아려야 한다.

⑤ 파의 명칭은 흔히 파조(派祖)의 관작 명(官爵名) 시호(諡號), 아호(雅號) 등을 따서 붙인 것이다.

⑥ 파를 찾으려면 족보 계보도(系譜圖) 위에 세계 도를 보아야 한다. 세계에는 대략 분파(分派) 계도를 그려놓고 무슨 파는 몇 권 몇 번이라고 표시되어 있다. 이 표시가 옛날에는 천자문(千字文)의 글자로 장(章)을 표시했다.

1. 보첩의 의의

보첩이란 한 종족(種族)의 계통을 부계(父系)중심으로 알기 쉽게 체계적으로 나타낸 책으로 동일혈족의 원류(源流)를 그 혈통을 존중하며 가통(家統)의 계승을 명예로 삼는 한 집안의 역사 책이다.

2. 보첩의 종류

(1) 대동보(大同譜)

같은 시조(始祖)밑의 중시조(中始祖)마다 각각 다른 본관을 가지고 있는 씨족 간에 종합 편찬된 족보이다. 즉 본관은 각기 다르되, 시조가 같은 여러 종족이 함께 통합해서 만든 보책(譜冊)이다.

(2) 족보(族譜)

관향(貫鄕)단위로 같은 씨족의 세계(世系)를 수록한 보첩으로, 한 가문의 역사를 표시하고 가계(家系)의 연속을 나타내는 보책(譜冊)이다.

(3) 세보(世譜)와 세지(世誌)

한 종파(宗派)이상이 동보(同譜), 합보(合譜)로 편찬되었거나 어느 한 파속(派屬)만이 수록되었을 경우이며, 이를 세지(世誌)라고도 한다.

(4) 파보(派譜)

시조로부터 시작하여 어느 한 파속만의 명, 휘자(名, 諱字: 이름자)와 사적(事蹟)을 수록한 보책이다.

(5) 가승보(家乘譜)

본인을 중심으로 편찬하되, 시조로부터 시작하여 자기의 직계존속(尊屬: 자기의 윗대)과 비속(卑屬: 자기의 아랫대)에 이르기까지 이름자와 사적(事蹟)을 기록한 것으로 보첩편찬의 기본이 되는 문서이다.

(6) 계보(系譜)

한 가문의 혈통관계를 표시하기 위하여 이름자만을 계통적으로 나타내는 도표(圖表)로서, 한 씨족 전체가 수록되었거나 어느 한 부분이 수록된 것이다.

(7) 가보(家 譜)와 가첩(家牒)

편찬된 형태나 내용의 표현이 아니라 집안에 소장되어 있는 모든 보첩을 말한다.

(8) 만성보(萬姓譜)

만성대동보(萬姓大同譜)라고도 하며, 모든 성씨의 족보에서 큰 줄기를 추려 내어 집성(集成)한 책으로 족보의 사전(辭典)구실 하는 것이다.

3. 보첩의 간행과정

족보를 간행하고자 계획을 세우면 먼저 종친회에서 족보편찬위원회를 구성하여 이를 널리 알려 일가들의 호응을 받아야한다. 다음 편집에 필요한 간행규정과 세부시행지침을 만들어 이를 긴행요원에게 사전실무교육을 반복 시행하고 모든 사항을 논의하여 지방조직을 통해 수단(收單: 명단을 받음)을 하고, 원고를 정리하여 출판사에 의뢰하여 간행하게 된다.

4. 보첩 내용

(1) 서문(序文)

족보를 보면 처음에 서문이 나오는데, 이는 머리말로 자랑스러운 가문과 조상의 숭고한 정신을 고취시키고 족보간행의 중요성 및 긴요성을 강조하는 것이며, 보통 ○보라 하여 족보 간행 년도를 앞에 붙여 족보의 명칭으로 삼는다.

(2) 본문내용

본문에는 시조(始祖)와 비조(鼻祖)로부터 시작하여 1칸을 같은 대(代)로 하여 보통 6칸으로 되어 있는데, 처음에 이름자가 나오고 이어서 출생(生)과 사망(卒) 연도가 표시된다. 20세 이전에 사망 하였으면 요절(夭折)이란 뜻의 조요(早夭: 夭)라 표시하고 70세가 되기 전에 사망하면 향년(享年), 70세가 넘어 사망하면 수(壽)라하고 방서란(旁書欄)에 기록한다.

(3) 신상 내용

시호(諡號)와 관직(官職)이 기록되고 비필(妃匹)이라 하여 배우자를 표시하는데 보통 배(配)자만 기록하며, 본관과 아버지의 이름자와 관직이 기록된다.

출후(出后) 출계(出繼)라 하는 것은 양자로 간 경우이고. 양자로 들어온 사람은 계자(繼子) 또는 계자(系子)라 기록되며, 서얼(庶孼)로 입적(入嫡)되었을 경우에는 승적(承嫡)이라 표시한다.

(4) 묘소의 기록

묘소(墓所)는 소재지와 방위(方位) 그리고 석물 등을 표시하며, 합장(合葬)여부도 기록된다.

5. 족보 관련 상식

(1) 시조(始祖) 비조(鼻祖) 중시조(中始祖)

시조란 제일 처음의 선조로서 첫 번째 조상이며, 비조란 시조 이전의 선계조상(先系祖上) 중 가장 높은 사람을 일컫는다. 중시조란 시조이하에 쇠퇴한 가문을 일으켜 세운조상을 모든 종중(宗中)의 공론(公論)에 따라 정하여 추존(追尊)한 사람이다.

(2) 선계(先系)와 세계(世系)

선계란 시조 이전 또는 중시조 이전의 조상을 일컫는 말이며, 세계란 대대로 이어가는 계통의 차례를 말한다.

(3) 세(世)와 대(代)

시조를 1세로 하여 아래로 내려갈 경우에는 세(世)라 하고, 자신을 빼고 아버지를 1대로 하여 올라가며 계산하는 것을 대(代)라 한다. 또한 자기의 조상을 몇 대조 할아버지라 하고, 자신은 어느 조상으로부터 몇 세손이라 한다.

(4) 이름자

옛날 어렸을 때 부르던 이름은 아명(兒名)이고 자(字)는 20세가 되어 성년식(成年式)에서 지어준 것이다. 또 항렬자(行列字)에 따라 족보에 오르는 항명(行名)과 특별히 따로 부르는 별호(別號)가 있다. 살아 계신어른은 함자(銜字) 돌아가신 분은 휘자(諱字)라고 한다.

(5) 사손(嗣孫과 사손(祀孫)

사손(嗣孫)이란 한 집안의 종사(宗嗣), 즉 계대(系 代)를 잇는 자손을 말하며, 사손(祀孫)이란 봉사손(奉祀孫)의 준말로, 조상의 제사를 받드는 자손을 말한다.

(1) 묘소(墓所)

묘소의 좌우는 사자(死者)를 중심으로 하는 것이므로, 묘를 바라보는 사람의 좌우에는 정반대가 되며 좌는 동(東). 우는 서(西)가 되는 것이다(묘의 위치는 어느 곳에 있어도 북쪽에서 남쪽을 향한 것으로 함).

(2) 묘표(墓表)

표석이라고도 하며 죽은 사람의 관직(官職)이름과 호(號)를 앞면에 새기고, 뒷면에는 사적(事蹟) 또는 비석을 세운 날자와 세운 자손들의 이름을 새겨 무덤 앞에 세우는 비석이다.

(3) 묘지(墓誌)

지석(誌石)이라고도 하며, 천재지변 또는 풍우(風雨)나 오랜 시간이 흐름에 따라 묘를 잃어버리는 것에 대비해, 금속판이나 돌. 도판(陶板)에 죽은 사람의 원적(原籍)과 성명, 생년월일, 행적, 묘의 위치 등을 새겨서 무덤 앞에 묻는 것이다.

(4) 묘비와(墓碑)와 비명(碑銘)

무덤 앞에 세우는 비석의 총칭이며, 비명이란 비에 새긴 글로서 명문(銘文), 비문이라고도 하는데 여기에는 고인(故人)의 성명, 본관, 원적, 성행(性行), 경력(經歷) 등의 사적(事蹟)을 서술한 것이다.

(5) 신도비(神道碑)

임금이나 고관의 무덤 앞 또는 길목에 세워 죽은 이의 사적을 기리는 비석이다. 대개 무덤의 동쪽에 위치하며 남쪽을 향해 세우는데, 신도라는 말은 사자(死者)의 묘로(墓路) 즉 신령(神靈)의 길이라는 뜻이다.

고려시대에는 3품 이상의 관직 자 묘소에 세운 것으로 보나, 조선시대는 2품 이상의 관리들에게 세우는 것을 제도화 하였다.

(6) 묘갈(墓碣)

신도비와 비슷하나 3품 이하의 관리들 무덤 앞에 세우는 머리 부분이 동그스름한 작은 비석으로 신도비에 비해 그 자체와 규모가 작고 빈약하다.

(7) 정려(旌閭)

특별한 행실에 대하여 국가가 내려주는 표창인데, 충신. 열녀. 효자 등을 표창하고 후세들에게 길이 본이 되게 하기 위하여, 그들이 살던 고을에 정문(旌門)을 세워 표창 하였다.

(8) 영당(影堂)

한 종파(宗派)의 조사(祖師: 종파를 세우고 그 종지(宗旨)를 열어 주장한 사람), 한 절의 개조(開祖)또는 이름난 인물의 화상(畵像)을 모신 사당. 영전(影殿)을 말한다.

부록 Ⅵ. 경조사(慶弔事) 인사 단자(單子)

사회생활에서 남의 경사나 좋지 않은 일 또는 슬픈 일에 반드시 인사해야 하는 경우는 다음과 같이 1~3의 사례가 있다.

〈표 6-1〉 축하와 위문봉투 서식 사례

내 용	서 식
임산과 출산	祝 順産 · 慶賀 順産 축 순산 경하 순산
아기의 백일	祝 百日 · 돌: 祝 돌 축 백일
취학, 진학, 졸업	祝 就學 · 慶賀 卒業 · 祝 卒業 축 취학 경하 졸업 축 졸업
취직, 승진	慶賀 就業 · 祝 昇進 · 祝 榮轉 경하 취업 축 승진 축 영전
정혼, 혼인	祝 婚姻 · 祝 結婚 · 祝 華婚 · 祝 盛典 · 祝 聖婚 축 혼인 축 결혼 축 화혼 축 성전 축 성혼
집들이, 이사	祝 設産 · 祝 轉移 · 祝 移徙 축 설산 축 전의 축 이사
개업, 이전	祝 開業 · 祝 發展 축 개업 축 발전
생일, 생신, 회갑	祝 生日 · 慶賀 壽宴 · 祝 回甲 · 祝 壽宴 축 생일 경하 수연 축 회갑 축 수연 祝 禧筵 · 祝 壽儀 · 祝 晬筵 · 賀儀 축 희연 축 수의 축 수연 하의
혼인기념일	慶賀 婚姻記念 경하 혼인기념
정년퇴직	謹 慰勞功 · 祝 榮譽 근 위로공 축 영예
문병	快癒 · 回春 · 快差 쾌유 회춘 쾌차
일반적인 축하	祝 入選 · 祝 合格 · 祝 當選 축 입선 축 합격 축 당선

〈표 6-2〉 제례 등의 봉투서식 사례

내 용	서 식
초상	弔儀 · 賻儀 · 謹弔 · 奠儀 조 의 부 의 근 조 전 의
소대상	菲儀 · 香奠 · 奠儀 · 薄儀 비 의 향 전 전 의 박 의
사례	菲品 · 略禮 · 薄謝 · 薄禮 · 微意 · 微誠 비 품 약 예 박 사 박 예 미 의 미 성

〈표 6-3〉 일반봉투 서식 사례

내용	서식	내용	서식
원서 넣은 봉투	願書 在中(서류) 원 서 재 중	원고 넣은 봉투	原稿 在中 원 고 재 중
지급을 요할 때	至急 · 大至急 지 급 대 지 급	손아래 사람 남이 보지 않게	直披 직 피
다른 사람보지 않게	親展 · 親披 친 전 친 피	화가, 문인친구	畵伯 · 雅兄 화 백 아 형
공경할 어른께	座下 좌 하	일반부인	女史 여 사 , 사모님
은사, 저명인사	先生귀하 · 尊下 선 생	다정하고 친한 사이	大兄 · 仁兄 · 兄 대 형 인 형
손아래 사람	展 · 卽見 전 즉 견	순 한글식	님 께
단체에 보낼 때	貴中 귀 중	일반 개인	貴下 귀 하

華蓋家道逢七壽 – 화사로운 가도(家道) 속에 칠순에 만나
雲飛白鶴曲清新 – 구름 속에 백학이 노래가 맑고 새롭구나
持身淡泊首君子 – 몸가짐은 밝고 깨끗하여 군자로서 으뜸이요
處世寬弘似河海 – 처세는 넓고 너그러워 바다와 같구려
勤儉治家宜晩福 – 검소하게 가정을 다스려 늦복에 이르니
落山玉樓映彩春 – 해지는 옥루에는 광채 나는 젊이 비치네
内安外順無憂辱 – 안팎에 편안과 순탄과 욕심근심 없고
不老容姿今如仙 – 용모와 자태가 늙지 않으니 이제 신선과 같구려!

년 월 일

○ ○ ○ 謹賀

1. 삼강(三綱)

① 첫째: 군위신강 (君爲臣綱)
임금은 신하의 본보기가 되어야 하고
② 둘째: 부위자강 (父爲子綱)
아버지는 아들의 본보기가 되어야 하고
③ 셋째: 부위부강 (夫爲婦綱)
남편은 아내의 본보기가 되어야 한다.

2. 오륜(五倫)

원문	직역	해설	현재 의미
부자유친 (父子有親)	아버지와 아들은 친해야 한다.	아버지는 아들을 사랑하고 아들은 아버지를 잘 모신다.	부자간에 친밀하게 도리를 다한다.
군신유의 (君臣有義)	임금과 신하는 의리가 있어야 한다.	임금과 신하는 위계질서가 있어야 한다.	대통령과 관리는 직분을 잘 지킨다.
부부유별 (夫婦有別)	남편과 부인 사이에는 분별이 있어야 한다.	남편과 부인의 직분이 서로 다르다.	부부의 도리를 잘 지킨다.
장유유서 (長幼有序)	어른과 어린이는 차례가 있어야 한다.	어른과 젊은이는 순서가 있어야 한다.	어른을 잘 모신다.
붕우유신 (朋友有信)	친구사이에는 믿음이 있어야 한다.	친구 간에는 거짓 없이 신의를 가진다.	친구는 믿음이 있어야 한다.

1. 사무실 책상 배치 예우

사무실의 최고 책임자의 책상배치는 그 부서의 업무나 일반 기업체의사업의 성패에도 영향이 있다하여 이는 절대로 소홀히 할 수 없는 상사에 대한 필수적인 예우로서 윗사람을 배려하는 최소한의 직장인들의 예우다. 즉 사무실의 출입문과 책상의 배치는 사업성패와도 깊은 연관이 있다고 보는 것이다.

출입문 정면으로 들어오는 음기나 생기가 순화되지 못하고 정충(正沖)을 받게 되어 흉하다고 하며 많은 사람들이 출입하게 되니 신경을 쓰게 되어 집중력을 잃게 되고 문을 등지고 앉으면 항상 긴장하게 되니 생기 방(生氣方)을 찾아서 벽을 등지고 앉는 책상 배치가 되도록 하여야 한다.

〈표 9-1〉 책상배치 사례 예시

출입문의 위치	길(吉)한 위치	내 용
정남(午方)인 경우	정동 중앙에서→ 서향	매사에 성공을 이룬다.
동남(巽方)인 경우	정북 중앙에서→ 남향	매사에 성공을 이룬다.
서남(坤方)인 경우	서북(문 안쪽)→ 동북방	만사형통 사업 번창
동북(艮方)인 경우	서쪽 중앙에서→ 동향	사업이 순탄하게 지속된다.
정북(子方)인 경우	동쪽(문 안쪽)→ 서향	매사에 길한 상
정남(午方)인 경우	서쪽 중앙에서→ 동향	매사에 길한 상
서북(乾方)인 경우	서남쪽→ 동남향	음양배합으로 길한 상
정서(酉方)인 경우	동북쪽→ 북서향	음양배합으로 길한 상
정동(卯方)인 경우	정서→ 동향 출입문 정면	인 패, 재패의 흉상
정서(酉方)인 경우	정동→ 정서 출입문 정면	인패, 재패의 흉상

2. 수맥이 인체에 미치는 영향

사람의 체질에 따라서 미치는 영향이 차이가 있지만 수맥파로 인하여 가장 많은 증상 중에는 신진대사 작용의 장애로 숙면을 못하여 피로가 쌓이고 순환기장애 증상으로 고혈압, 당뇨병의 원인이 되기도 한다.

같은 집이나 방에서 자도 수맥에 여향을 받는 위치에서 자는 사람은 장애를 받을 수 있다. 항간에서 흉가라고 하는 것도 수맥파의 원인일 수 있다는 것이다. 특히 학생들의 책상, 잠자리 위치가 수맥의 영향을 받으면 머리가 아프고 정서가 불안하여 흉몽에 시달리고 성적도 떨어지게 되니 학생들의 책상위치도 출입문도 고려 하지만 특히 집안에서수맥의 흐름을 피해서 기거하도록 하는 것이 중요하다.

3. 노래

〈 나라사랑 노래 : 애국가 〉

1. 동해물과 백두산이 마르고 닳도록
하느님이 보우하사 우리나라 만세.

(후렴)
무궁화 삼천리 화려강산
대한사람 대한으로 길이 보전하세.

2. 남산위에 저 소나무 철갑을 두른 듯
바람서리 불변함은 우리 기상일세.
(후렴)

3. 가을하늘 공활한데 높고 구름 없이
밝은 달은 우리가슴 일편단심일세.
(후렴)

4. 이기상과 이맘으로 충성을 다하여
괴로우나 즐거우나 나라 사랑하세.
(후렴)

〈 참고문헌 〉

· 성균관 출판부 편저(2005)「우리의 생활예절」
· 한영자, 이일희 공저(2003)「생활예절」교육아카데미
· 김득중 지음(2003)「가정생활과 예절」교문사
· 배용파 편저(2006)「한국인의 관혼상제」온북스
· 최하우 지음(2006)「국민보감」도우미출판사
· 한국지역사회교육교재(2005)
· 박한표 지음(2007)「글로벌 매너」일곡 문화재단
· 동아출판사(1978)「동아국어서전」
· 예림출판사(2000)「명심보감」예림출판사
·「생활예절 연구자료」
· 예절강사 교육교재(2007)

한국인의 예절

인　쇄 / 2008년 6월 15일 초판

발　행 / 2009년 11월 20일 재판(개정)

편저자 / 조돈봉

펴낸이 / 김경옥

편　집 / 이진만　박초우

펴낸곳 / 도서출판 **온북스**

서울특별시 은평구 응암동 36번지 33호

등록번호 / 제 312-2003-000042호

등록년월일 / 2003년 8월 14일

대표 전화번호 / TEL: 02) 303-2010, 2263-0360

FAX: 02) 303-2010, 2263-0370

값 10,000원

ISBN 978-89-92364-14-0 (03380)

한국인의 예절

"스스로 아름다운 인간이 되기 위한 자율질서의 실천"

1. 修己

- 자신과 가족 및 주변부터 禮化한다.

〈 예스러운 정성으로 자신을 성찰하며, 조기 교육으로 자녀의 인성을 바로 세운다. 〉

2. 治人

- 다른 사람을 역지사지하는 아량을 갖는다.

〈 상대를 편안하게 배려하며, 공경과 사랑으로 인사는 언제나 내가 먼저 한다. 〉

3. 守則

- 공동체를 우선하는 기초질서를 지킨다.

〈 환경을 지키는 일에 솔선수범 하고 이를 확산하여 행복한 사회를 조성하는 촉매제 역할을 한다. 〉

우리집 행사 일람표

(생일 · 제사 · 기념일)

관계	성 명	행 사 일		비고 (중요한 기록사항)
		양 력	음 력	

✲✲✲ 메모장